脳と心のライブラリー

快の錬金術

報酬系から見た心

岡野憲一郎

岩崎学術出版社

はじめに

私はこんな話に感動しやすい。

私の知人Aさんの話だ。彼はまだ五〇歳代の有能な商社マンだった。有名大学出身、行動力抜群。見た目もきりっとしたイケメンだ。誰もが彼の能力をほっておかない。若い頃は世界各地の油田地帯を飛び回り、重要な商談をいくつもまとめてきた。しかし長期間にわたって家を空けることが多く、病弱な妻の面倒は彼女の両親にまかせっきりであった。

ところが長年の腰痛が悪化して手術が必要になり、入院をして何十年ぶりかの「休養」を取ることになった。自分は仕事人間だとばかり思っていたが、しばらく離れてみると、それも決して悪くない。Aさんはベッドの上でふと考えたのである。

「自分はこれまでの人生を続けることで幸せなのだろうか?」

正直言えば、仕事を本当の意味で楽しいとは思っていなかった。本来は出不精なのだ。自宅で料理の腕をふるっているほうがよっぽどいいと感じる。自分はひょっとしたら妻の介護をして家事をするのが性にあっているのではないか? まさか? これでもバリバリの商社マンである。高収入でまだまだ働いて会社に貢献することを期待されている。

それでも彼は会社をすっぱりやめ、「主夫」になった。幸い蓄えは十分あり、しかも妻の実家は田舎の旧家で相当な資産があったので、金銭的には困らない。彼はそれまで雇っていたお手伝いさんを解雇し、家の掃除から料理まで一人でこなすようになった。朝は毎日七時起きで四〇分間、家中の部屋を回り、大きな音を立てて掃除機をかける。絨毯は同じところを少なくとも五往復。高価なペルシャ絨毯が擦り切れんばかりの勢いだ。それから手の込んだ朝食作り。コレステロール値の高い妻の健康を気遣って、カロリー計算もおろそかにしない。午後からは庭の草取りだ。自分が草をむしった後に広がっていく地面を振り返り、大きな征服感を感じるという。再び手の込んだ夕食作りの後、夜は家計簿の整理が待っている。エクセルに細かな表を作り、アマゾンで注文した文庫本一冊まで支出を記入していく。もちろんその合間を縫って妻の介護。リハビリ通院の送り迎えも欠かさない。

そんな「仕事」に没頭して三年たったAさんに聞いてみた。「そろそろ復職を考えているのではありませんか？」彼の有能さを買って、戻ってきてほしいという会社からの声は今でも多いという。その答えに彼は首を横に振った。

「Aさん、あなたは今本当に幸せですか？」

彼は「もちろんです。」といった。夕方には五キロのジョギングを欠かさない彼の顔は少し日に焼けていかにも健康そうだった。「毎日が充実しています。スケジュールがいっぱいで、こなすのがやっとです。でも自分がいかに家事に向いているかを実感しました。本当は私は引っ込み思案なんです。」数々の商談をまとめた彼とは思えない言葉が返ってきた。

いったい何が彼を駆動しているのだろう？　自己顕示欲でもなく、おそらく一般に言うところの自己実現でも、自己達成感でもない。Aさん自身、自分にこれほど名誉欲がないことを、今回の「転職」を通して初めて知ったのだ。それに金銭欲でもない。彼には生活していくだけの金は十分あるのだ。

でも一つだけ確かなことがある。彼は日々のスケジュールをこなすことに喜びを感じている。誰が何といおうと、彼にとってはそれで幸せなのだ。何というのうらやましい話だろう？　そして人の心って何と不思議なのだろう？　自分が満足しているのなら、人が何と言おうと、いかに残念がろうと、その人にとっては「あり」なのだ。でもそれは脳のどこの部分でどのようにして決定されているのだろうか？

私はこのAさんのような話を聞くと、脳の中に錬金術師がいることを想像するのだ。人の脳は、他の人にとってはどうでもよかったり、苦痛にさえ感じることを、快という純金に変えることができる。収集癖がある人や、オタク系の人を見ていると、それがよくわかる。他人にはその良さが一向にわからないものを集め、彼らはそれを生きがいにする。

傍目には全く区別がつかなかったり意味を見出せなかったりする被写体（鉄道、景色、看板など）を求めて朝早くから遠方に出かけたりする人がいる。オタク傾向のある人だ。周囲には決してわかってもらえないだろうが、それでいいのだ、それがその人に喜びを生んでくれるのならば。この場合興味の対象がある程度無尽蔵にあるならば、その人の楽しみは尽きるどころかますます深まるに違いない。

私たちの中にいる快の錬金術師が最も腕を振るってくれるのが、家事かもしれない。掃除洗濯、食器洗い、ゴミ出し。家事に携わる主婦や主夫たちの多くが、洗濯機が回っているのを眺めることに快を感じ、洗濯物を物干しに整然と隙間なく並べることに心地よさを見出す。もし家事が心地よさや快に結びついていないならば、汚れた洗濯物や食器やゴミは山のように溜まる一方だろう。いわゆるゴミ屋敷はその究極の姿かもしれない。報酬系は私たちの生活に欠くことのできない退屈な単純作業を喜びという金に変えてくれるのだ。なんとありがたいことだろう。

しかし人を幸せにしてくれる錬金術師は、その人をときに破滅に導くこともある。アルコールを嗜まなかったときは、ただ透き通って少し色のついた液体だったものが、それなしではいられず、またそれに溺れるものへと変化してしまう。純金どころか毒を生み出すのも人間の脳なのである。

ともかくもAさんのエピソードから書き起こすことで、本書の趣旨を少しはご理解いただけたかもしれない。本書は私がこれまでで一番書きたかったことをまとめたものである。それは次の疑問に答えるためのものだ。

何が人を動かすか？　What makes a human being tick？（人間という時計の針を動かすものは何か？）

これは私が物心ついて以来持ち続けている関心事である。人を見ながら、そして自分を見ながら「どうしてこんなことをするんだろう？」と素朴に思いをめぐらす。そんなことを私はごく幼少のころからいつも考えていたと思う。心を扱う仕事（精神科医）についてからもずっとそうである。私の治療者としての一言に相手が喜び、失望し、いらだつのを感じながら、そのことを問い続ける。ある薬を投与し始めてから顔色が急によくなり、話し方が違ってくるのを見て驚く。若者がある書を読んで突然発奮して夢を追い始めるのを見て考え込む。そしていつも行き着くのは、「快、不快」の問題である。

私たちの脳の奥には、ある大事なセンターがある。それは「快感中枢」とも「報酬系」とも呼ばれている。そこがある意味では人の言動の「すべて」を決めている。心身の最終的な舵取りに携わるのが、このセンターだ。

報酬系はもちろん人間にのみ存在するわけではない。おそらく生命体の最も基本的な形である単細胞生物にも、その原型はあるのだろう。しかしそれはおそらくドーパミンという物質が媒介となることにより始めてその正式な形を成す。たとえば原始的な生物である線虫の一種は、脳とはいえないほどシンプルな神経系を備えているが、そこにはすでに数十の神経細胞からなるドーパミンシステムが見られる。線虫（本書では第４章で「Ｃエレ君」という偽名で登場する）は快感を覚えてそれに向かって行動しているのだ！

人を、あるいは生き物を、快、不快という観点から考えることはおそるべき単純化といわれかねない。しかしそれでこそ見えてくる問題もある。私たちが行う言語活動は、ことごとく快を求め、苦痛を避ける行動を正当化するための道具というニュアンスがあるのだ。そう考えることで私たちは私たち自身を一度は裸にすることができるのだ。その意味では本書が示す考えは、精神を扱うどのような理論に沿って考えていても、いったんその枠組みから離れ、より基本的な視点から捉えなおす助けとなると考える。

目次

第Ⅱ部　報酬系の病理

第Ⅰ部　報酬系が人を支配する

第1章　頭医者《シュリンク》は不埒《ふらち》な夢を見る

昨夜、おかしな夢を見た。その中で私は癌を宣告され、余命いくばくもない。自分でも体力が明らかに落ちてきているのがわかる。しかし私は特別死を怖くは思っていない。むしろ楽しみなくらいだ。それには秘密がある。死ぬ前に「最後の楽しみ」が取ってあるのだ。

　思えばずいぶんしゃかりきになって走ってきた人生だった。先のことばかり考えていたような気がする。少しでも前に進めないか、そればかりを考えていた。でも最後はゆっくりと、本当の「休息」を取るのもいいのではないか。努力の結果として受け取る快楽しか自分に許さないという考え方を変えてもいいのではないか？

　ふと目の前の予定表を見る。このところ何も予定は書きこまれていない。カレンダーはまっさらだ。ただ一つだけ、一カ月後の日付に「X」と書かれている。そうだ、この日が私の「Xデー」だと主治医に宣告されていたのだ。でもその日まで待つ必要もないだろう。これからさらに強まっていくであろう病の苦しみに耐え続けることを思えば、もうこの世に未練はない。それに私にはまだ「最後の楽しみ」が残されている。

私は傍らの未開封の封筒を開ける。何の変哲もない、少し厚みのあるただの茶色の封筒。他人から見れば、特に重要ではない書類か何かが入っていて、開ける必要すらなく、ほったらかされたようにしか見えない封筒。しかし「confidencial（親展）」とはっきり記されている。封を切ると、中からは小型のリモコンのようなものが出てくる。それと一緒に出てくる注意書き。そこには脳の解剖図があり、数か所に点が打たれている。それともう一つの重要な但し書き。「一度ボタンを押すと、もうこのリモコンを手放せなくなるので、くれぐれも注意すること。」

それは実は不思議なボタンであり、私の脳の数か所がそれによりごく微弱な電気刺激を受ける仕組みになっている。それは「側坐核」や「透明中隔」、「中脳被蓋野」などといった部位であり、いわゆる「報酬系」や「快感中枢」と言われている部位である。本書ではこれからこの「報酬系」という言葉がたくさん出て来るが、要するに報酬系とは、脳の中で快楽の体験に深くかかわる部位のことだ。実は私の脳にはその奥深く、中心の部分に細い電線を通して、電極が埋め込まれている。私の友人の敏腕な脳外科医ドクターS（通称、「時々失敗するドクターX」）に極秘で手術してもらったのだ。幸い電極のスイッチとはワイヤレスでつながっているので、リモコンのボタンで何とかなる。

私は少しためらったあとに、そのリモコンの「オン」のボタンを押す。

数秒後にじわじわと押し寄せる言いようのない心地よさ。私は思った。

「これだったのだ！」

私が長らく求めていたが、決して体験できなかったもの。何か懐かしい気持ちにもなる。ここが最後の到達点だ。お花畑にも似た、華やかで楽しげな、しかしそれをおそらく数倍は増幅したような境地。もういつ死んでもいい。いや、死ぬのはもう少し待ちたい。この心地よさに少しでも長く浸れるのであれば……。

ここで私は目が醒めたのである。精神医学や脳科学の知識がなければ見ないような夢。なんと不謹慎な夢を見たのだろう。なんとフシダラな人間なのだ……。本章の表題に「不埒な」、という表現を使っているが、確かにこれはまるで禁止薬物を使うことと同じではないか、と思われかねない。しかし私自身にはこのような夢を見る根拠があるのだ。人の一生は儚い。大抵の人が、人間が体験しうる最大の苦痛も恐怖も、最上の幸福も体験せずに、平凡な人生を営むのではないか。そして人はやがて老い、力尽き、死んでいく。おそらく病院のベッドでごく少数の人に見守られながら。人は臨終を迎える十年ほど前までは、「死ぬまでにあれもして、これもして……」と夢見ていた可能性がある。しかし彼はその十分の一も、百分の一も体験することなく死期を迎えるのだ。彼がうかつにもチャンスを逃したからだろうか？　おそらくそうではない。いざとなるといろいろな事情があり、結局達成できなかったのだ。

後に述べることだが、報酬系を別の手段で刺激することに魅了されている人は現在も大勢いる。覚醒剤などはその典型だ。覚醒剤を静脈注射することは、脳の報酬系に電流を流して直接刺激するようなものである。しかし覚醒剤の影響は、それにより快を得るばかりではない。そのための健康被害や払うべき社会的代償には甚大なものがある。しかし夢の中の私の場合は違う。自分の脳の一部を自分でチョイチョイ、と電気刺激して、少しだけいい気持を味わって、それに対する依存症が生じる前にこの世を去るのだ。恐らく誰も体験しない「最上の幸福」を味わって。これって死刑囚が最後に一服吸うことを許される煙草に似ていないだろうか？

レバーを押し続けるラット

報酬系に少しでも関心がある人にとっては、もはや古典的とも言える実験がある。心理学の教科書には必ずと言っていいほどに出てくるが、念のために振り返っておこう。

一九五四年のことだから、もう半世紀以上も前の話だ。米国カリフォルニア大学にジェームス・オールズとピーター・ミルナーという二人の学者がいて、ラットを使ったある実験を行った。ラットの脳に電極を入れ、網様体賦活系という部分を刺激しようとしたという。彼らは動物の動機づけを知る上で、この部分を刺激することを考え、実際そこに電極を差したつもりになっていた。そうしてラットの反応を見ていると、どうやらその刺激をラット自身が欲していることをうかがわせるような行動を見せた。不思議に思った彼らはラットをスキナーボックスに入れてみた。スキナーボックスにはさまざまなレバーや信号や、それによる報酬を与える仕掛けが備わっている。いわば本格的な実験装置だ。そこにレバーを設置し、それを押すとラットの脳の針が刺さった部位に信号が流れるような仕組みを作った。そしてラットの様子をうかがうと……ラットは一時間に二〇〇〇回という驚異的な頻度で、それこそ寝食を忘れてレバーを押すようになったのである。ところで実は彼らは網様体賦活系ではなく、誤って別の部分に針を刺していたことが分かった。つまり実験自体は失敗だったのだが、それによりこの脳の不思議な部分を発見することになった。この部分がのちに報酬系と呼ばれる部分であったのだ。

オールズらの実験の興味深いところは、ラットは寝食を忘れて死ぬまでレバーを押し続けた、というところである。おそらくこの実験が革命的であったことは間違いない。というのも、それまでどうやら脳というのは、そのどの部分を刺激しても不快感しか生まず、ラットはそれを回避する傾向にあると信じられていたからだ（ちなみに報酬系についてさらに知りたい方にとっておきのサイトがある。http://alfre.dk/the-pleasure-center/）。

ヒース博士と「人体実験」

こんなラットの実験の話を聞いて、それを人に応用することを夢に見る私のような人間は、やはり不謹慎だろうか？　しかしこのラットの実験に先んじて、それを人間に行った人がいた。それがこれから紹介する、ロバート・ヒース博士であった。

米国ルイジアナ州のニューオーリンズにあるチューレーン大学。そこで一九五〇年代に初めて精神科と神経内科を合体させたのがロバート・ヒース Robert Heath 医師だった（以下、主たる引用元はバーンズ著『脳が「生きがい」を感じるとき』[6]である）。

彼の最初の実験は一九五〇年ということだ。人間の脳の深部、脳幹に隣接した中隔野という部位は、人間における報酬系の部位である。そしてもちろんそこの刺激で快感が生まれる。ドクター・ヒースはその存在をすでに知っていて、しかも人間の脳に電極を刺して、実験をしたのだ。その時の実験のフィルムも残っているという。

ストレッチャーに横たわる若い女性。その脳の奥の中隔野には電極が埋め込まれていて、そこに電気が流れるようになっている。以下はバーンズの著書からの引用である。

女性は微笑んでいた。「なぜ笑っているんですか?」とヒースが尋ねる。「わかりません」と彼女は応えた。子供のように甲高い声だった。「さっきからずっと笑いたくってしょうがないんです。」彼女はくすくすと笑い出した。「何を笑っているのですか?」女性はからかうように言った。「わかりません。先生が何かなさったんじゃないの。」「私たちが何かしていると、どうして思うんですか?」

（一三九ページ）……

こうして実験は続けられたが、ヒースと彼女の会話には明らかに性的なものが感じられたという。ヒースは他の患者にも中隔野への刺激を行い、その多くはそれを快と感じたというが、反応は人それぞれであったらしい。電極をほんの一、二ミリ動かしただけで、むしろ苦痛の反応を引き起こしたりする。中にはそれにより激しく怒りを表出した人もいて、ヒースの実験を非人道的であると非難する学者もいたという。

結局バーンズの本からわかることは、報酬系に電極を刺して最後を迎えるというアイデアはうまくいきそうにないということである。彼の記述の重要な指摘を再び引用する。

特に人間の場合に顕著な脳深部刺激のこうした不安定さから、痛みと快感は、脳の別々の部位に存在するわけではなく、むしろ同じ回路のさまざまな要素を共有していることがわかる。（一五一ページ）

ところでバーンズは、ドクター・ヒースの治療に関して耐性が見られたとは書いていない。でもそんなことがありうるのだろうか？

耐性が見られないとすれば、たとえば、統合失調症の患者さんの示す興奮が、いつも脳に与えられる一定の電圧の刺激で抑えられていた、ということになる。つまりある電圧の刺激が徐々に効かなくなり、電圧を上げていかなければならなくなった、ということがなかったことになる。もっともこれなら、幻聴や妄想を抑えるための薬物、いわゆる抗精神病薬などの効果と同じである。統合失調症の患者さんに用いるリスパダールがそのうち三ミリでは効かなくなり、六ミリでもダメになり……どんどん増えていく、つまり耐性ができてくる、ということは起きない。しかしもし快感をもたらす刺激にも耐性がないならどうであろう？　同じ電圧の刺激で多幸感を味わい続けるとしたら？　これはちょうど一定量のモルヒネを服用することで常に効き続けるということになり、夢のような話だ。真相はどこにも書かれていないようだが、もし耐性が生じないとすると、脳刺激は計り知れない可能性を秘めていることになる。精神科医の見た夢も、まんざら不謹慎だけともいえなくなってくるではないか。

ちなみにニューヨークタイムズには、ヒース先生がフロリダで一九九九年に八四歳で亡くなった時の追悼文が掲載されている。そこには、彼が統合失調症に対する画期的な仕事を行った医師、として記載されているが、同時にＣＩＡにマインドコントロールに関する研究を依頼されていた事実にも触れられている。これはおそらく脳刺激の有するさまざまな可能性にアメリカ政府も目をつけたということを意味するのであろう。

ここでドクター・ヒースの研究を俯瞰する上で、その研究の歴史をまとめてみよう。一般的には次のような業績を持つ医師として記録されている。

以下はブルース・レオナード Bruce Leonard の記述を参考にする。(29)

ドクター・ヒースは難治性の障害を抱えた患者、たとえば極めて暴力的であったり抑うつ的であったり、統合失調症、治癒不可能な癲癇、震戦、深刻な疼痛を持つ人々に対して脳の刺激による治療を行った。患者の数は七〇名程度であったという。患者は何年にもわたって脳の特定の場所に電極を埋め込まれた。一部の患者はそれにより状態が急速に改善したという。ドクター・ヒースは患者が快適な気分である時に、中隔野と外側扁桃核が興奮していることを見出した。ここが快感中枢、または報酬系というわけだ。また患者が強烈な怒りを体験している時は、不快中枢ともいえる領域、つまり海馬、視床、被蓋野、そして扁桃核の半分が興奮していたという。（電極にはもちろん刺激を与えるとともに、そこから電位を採取する意味もあったのである）。そして不快中枢を刺激すると、快感中枢の興奮が止まり、逆もしかりという関係を見出した。両方はシーソーの関係にあった。

そこでドクター・ヒースが考えたのは、統合失調症の患者が幻覚や妄想などの体験をするのは、それらを「中和」するような快感を十分に体験できないからではないかということである。そして癌による痛みを持った患者の場合は、報酬系の刺激でそれが和らぎ、また怒り狂った患者はその気持ちが消えたというのだ。同様のことは鬱、躁、自殺傾向、他殺傾向にも言えた。彼は最終的には小脳から入って報酬系を刺激する方法に至ったという。そうすることで前部のより侵襲性のある部分を避けたのである。また電極を置いて、ペースメーカーで刺激できるようにした。

ところでこの手技の副作用は明らかではないが、時々配線上の問題は生じていたらしい。たとえばドクター・ヒースは一九七七年に、「奥さんの首を絞めろ！」という幻聴に悩まされた患者に治療を行った。彼の脳内に電極を差し込み、帰宅させたのである。そしてしばらくは症状が改善していたが、また声が聞こえ出したというので調べたところ、脳につながる電線に断線が見つかったという。このようにして七〇名の患者の少なくとも半数はこの治療により効果があったとされる。

快楽には文脈がある

知れば知るほど興味深く、しかし恐ろしいドクター・ヒースの治療。現在でも古書で購入可能なヒースの著書が唯一ある。"Exploring the Mind-Brain Relationship（心と脳の関係の探求）"という本だ。(23)この本にはバーンズの本では触れられていない興味深い記載がある。その一つは、報酬系刺激により感じる快感は、その時何を体験していたかに強く影響を受けるということであった。

たとえば昼食の直前に報酬系の刺激をすると、昼食は明らかにおいしくなった。またある患者はエロティックなビデオを見せられても、あまり関心を示さなかったが、報酬系を刺激すると興奮してそのビデオを見ることに熱中したという。しかしそのようなビデオを見ていない時に報酬系を刺激しても、性的な興奮は生じなかったという。これは一部の動物の実験に見られるような、中隔野の刺激が常に性的な興奮を呼んだという実験結果とは異なることになる。報酬刺激により増幅される快感は、あくまでも文脈的、なのだ。

ただしこの「文脈性」については、嗜癖を生む薬物を使用する人にとってはある意味では体験的には常識ともいえる事柄である。たとえば食事をした後のタバコがなぜおいしいか。それは「ああおいしかった」をより高めるという意味を持つ。あるいはコカインをセックスの際に用いるのは、その時の快感を高めるからだ（だからセックスの後タバコ、というのももちろんアリだろう）。さらにはマリファナやＬＳＤなどの幻覚剤による感覚過敏もそのような意味を持つといえるかもしれない。普段だったら平凡で感動を呼び起こさない色彩も、これらの薬物により途轍もなく刺激的な色使いと感じるような現象である。

実はこれは私の想像ではあるが、夢にもこの報酬系の刺激が関与していると思えてならない。「まるで壮大なパノラマを見ているようだ」との感動を与える夢はよくある。しかしそれを人に話しても、ただの意味不明でわけのわからぬ展開の夢としか思ってもらえない。自分が夢を見ていたときには、途轍もない感動を与えてくれていたのに！　そう、夢とは、何の感動も起こさないようなストーリーを、違法薬物を使用しながら読むようなものであろう。つまり私は、夢においては報酬系が同時に賦活されていて、その内容の情動喚起性を底上げしているという可能性を想像しているのである。

最近の夢研究は、実はこの傍証となる事柄を示している。ソームズらの研究[24]は、夢を見ている際に報酬系が実際に賦活されていることを示しているのである。

ということで本章の教訓。「不埒な夢」を実行するためには、まずどのような幸せに包まれて逝きたいかを決める。それは音楽でも味覚でもいい。人生の最後を音楽で締めくくりたければ、好きな曲を聴きながら「スイッチ」を押す。美味しさに感動しながら終わりたいなら、フレンチのフルコースを食べながらスイッチを押せばいいだろう。美しさに感動しながら逝きたいなら、好きな画集でもめくりながらスイッチを押す。選んだ素材が残念ながら陳腐なものであったならば、少し電圧は高めにしておいた方がいいだろう。

でも電極を埋め込む勇気がない人のために

しかしおそらくこの第1章をこのまま終わらすわけにはいかない。これだとおかしな精神科医が見た非現実的な夢物語、ということになってしまう。それに私はこの手術を本当は受けたくない。実はひそかに手術の内諾を得ている脳外科医Ｓ（時々失敗するドクターＸ）の腕をはっきり言って信用していないのだ。それに彼の方が、事故か何かで私より先に逝ってしまうかもしれないではないか。それでも私は報酬系全開で死にたい。

脳に電極を埋めることなく、シアワセに死ぬにはどうしたらいいのか？　それは私が本書の第18章で述べることになる「磨かれた報酬系」の話につながる。報酬系が磨かれることにより、おそらくそれが可能になるのだ。報酬系を磨くことにより、人は失望も期待もしなくなる。否、それは言い過ぎだ。それなら人間的な感情が一切なくなってしまうことになる。そうではなくて、期待が裏切られても一瞬の失望の後に立ち直ることができるようになるのである。期待や失望を一瞬ではあれ体験することを私は「心の針が振れる」と呼ぶのであるが、それがなくなった人間は、いよいよ人間ではない。しかし私たちの体験する怒りや悲しみが過剰な期待とそれに続く失望であるならば、それが最小限に抑えられた人生はそれなりに幸せなはずだ。

磨かれた報酬系を得たとしても人は、依然として死別や喪失の辛さを体験する。死別や喪失は、もちろん生きている以上は避けられない。慣れ親しんだ人、愛着を覚えた人、住み慣れた環境は、私たちの報酬系を刺激してくれる重要な要素である。いかに磨かれた報酬系でも、友達を病気で失った時の苦しみを避けることはできない。

しかし磨かれた報酬系は、おそらく日常のあらゆることに喜びを見出す可能性がある。手に取った小説、昔聴いた曲、そのテーマや展開の妙に惹きつけられる映画、そして創作の喜び。磨かれた報酬系が迎える最後は比較的安楽なはずだ。「期待」の要素が限りなく低減している。何しろもう「最後」（最期）であり、期待するべき明日は残されていないのだから。

それでも……とまだ不埒な精神科医は考える。死ぬまでには決して手を出さなかった違法薬物を一度体験したい。単純に精神がこれまで体験したこともない新しい体験に興味があるだけなのだ。そこで私は次のような夢を見そうである。

「朝某新聞を開いたら、こんな記事が載っていた。自称元大学教授〇〇を逮捕。警察は××老人ホームで寝たきり状態にありながら、どういうわけか隠し持っていた違法薬物を自分の胃瘻のチューブに流し込もうとしていた〇〇を、麻薬所持および使用未遂の疑いで現行犯逮捕した。〇〇は調べに対して「間違いありませ……」と答え終わる前に、多臓器不全で心肺停止状態となり、絶命した……」。

第2章　報酬系という脳内装置がある

報酬系とは何か？

第1章ではいきなり、私が見たおかしな夢の話を聞いてもらった。それを読んだ方の反応はさまざまだろう。「何を言いたいのかさっぱりわからない」という人だっているかもしれない。ただし複雑でわからないことばかりの心や脳に関して、ひとつの確かなことを伝える意味は持っていたかもしれない。それは「脳のある部位の興奮は、私たちを幸せな気分にする」ということである。脳の中心近くにある部位に差し込まれた電極が刺激されると、オールズやミルナーが実験に使ったネズミはうっとりしとしただろうし、ドクター・ヒースの実験台になった人もやはり夢見心地になった。彼らは心の中で「気持ちいい！」「カ・イ・カ・ン」などと呟いたに違いない。それは彼らにとって快感であり、報酬であった。だからその部位は報酬系とか快感中枢などの名前が付けられたというわけである。本書ではこれを「報酬系」と統一して呼ぶことにしよう。

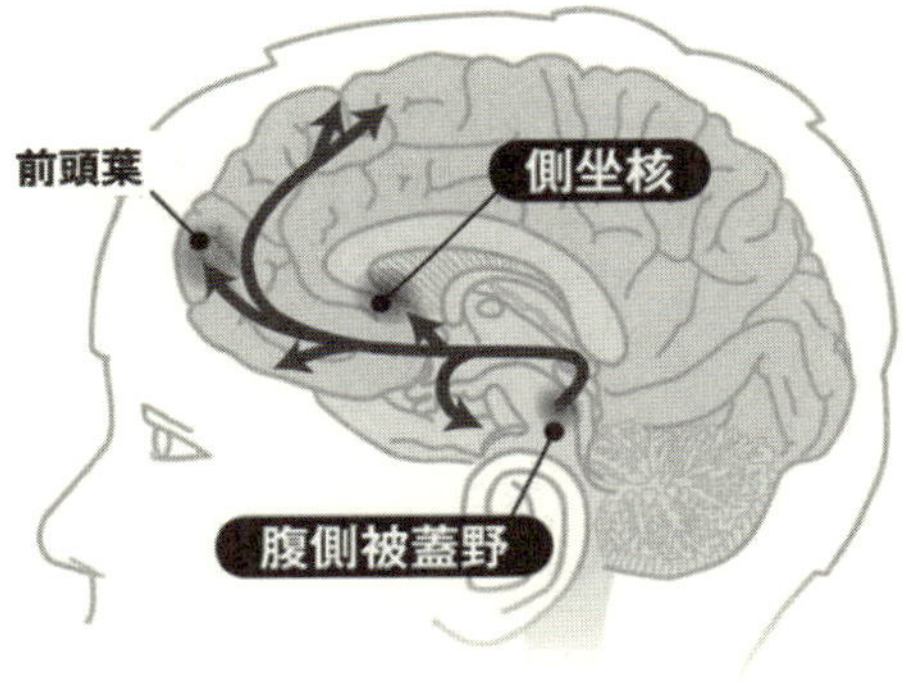

図 2-1　報酬系の主要部位
（AERA 2017 年 1 月 30 日号掲載図より改変）

報酬系の発見は確実に脳や心の理解を推し進めたが、同時にそれまで科学者が持たないでいた疑問を提出することになった。

「気持ちいい、という刺激を動物はどうして求めるのだろう？」

あたりまえの、というよりトートロジカルな疑問だろうか？　「気持ちいいことはもっとやりたくなる。それがどうして不思議なのか？」

しかしこのように問うてみたらどうだろう？　「どうして一回限りの快感では満足できなくなってしまう場合が生じるのか？」　一度味わった「気持ちいい」は、私たちを完全に虜にしてしまう場合もある。この不思議な現象をどのように説明することができるのだろうか？

二〇〇四年、アテネオリンピックの平泳ぎで金メダルを取った北島康介は、レース直後に「チョー気持ちいい」と言った。その当時は流行語になったものである。でも授賞式を終えて一段落して喜びも収まった時に、北島選手が「もう一度チョー気持ちよくなりたい。早くオリンピックを開いてほしい。今すぐ!」と言って駄々をこねた話は聞かない。私たちの日常生活の快感は似たようなものだ。美味しいラーメンを食べ終えて、「ああ、美味しかった」と満足をする。「ああ、たまんない、もう一杯!」とは普通はならないのだ。大抵は一回の満足で一区切りである。

ところが報酬系刺激の場合は違った。オールズたちのネズミは、寝食を忘れてバーを押し続けた。ドクター・ヒースの実験台となった患者は、何度も電気刺激を要求し、やめないようにと懇願したという。「気持ちいい」は、「気持ちよさを止めないでほしい」「何度も何度も気持ちよくなりたい」「ずっと刺激していてほしい」という状態を引き起こした。最初はうっとりしていた彼らは、やがて血眼になっていった。あっという間に嗜癖や依存症の出現である。これは一種の地獄でもある。特に急にスイッチを取り上げられてしまった場合は。報酬系にはとんでもない悪魔が潜んでいることも同時にわかった。夢の中で私が死の間際までリモコンの封筒に手を延ばさなかったのは、最後の瞬間を依存症で終わりたくないので、タイミングを見計らっていたのだろう。

本書で私がもくろむのは、報酬系の性質から心の在り方を読み解くことである。そのために最初に報酬系の発見の様子を描いた。そこから言えることを以下に順番に論じてみよう。

快原則と不快原則

人は突き詰めれば快感を追求して動くのであり、理屈で動くのではない。それは私たちにとって一種の宿命なのだ。そしてありがたいことに、脳の中でここが活動すれば快感が得られる、という場所がわかっている。それが脳の深部にある報酬系というわけだ。そこを電気刺激すると、スイッチが入ったみたいに心地よさを感じるのである。実際には私たちの報酬系に電極は刺さっていない。そこに至るたくさんの回路がそれを刺激して快感に至るのである。

それを一つの原則としよう。

快原則：「人（動物）は究極的には快感を求める」

これは少なくとも私たち人間にとっては、この上なく正しい原則のように思える。何よりも報酬系の存在がその証拠になっているのだ。

報酬系が発見される前から、人は快感を求めるという原則を提唱する人はいた。その代表は言うまでもなく、精神分析の祖、ジークムント・フロイトである。

フロイトは人間の心の基本的な在り方を「快楽を求め苦痛を避けること」とした。これが彼の快原則である。そして必要に応じてその快を延期することもあるとし、それを現実原則とした。この概念は、実はフロイトがその理論の根拠としてしばしば引用した、グスタフ・フェヒナー(17)が作り上げた概念であった。

フロイトは、この快原則の正しさにはかなり自信を持っていたことがうかがえる。フロイトは人の心はある種の流体の流れのようなものであるという仮説を信じた。彼が信奉していたフェヒナーも、そのような考えを持つ人々の集団、いわゆるヘルムホルツ学派に属していたのである。

フロイトはある種のエネルギーの流れ（リビドー）が滞って圧力が高まると、心は不快を体験し、またそれが解放されるときに快楽を体験すると考えた。「精神現象の二原則に関する定式」[20]という論文に代表される主張である。

その意味で彼の理論は不快の定義から出発していたことになる。なぜならリビドーの滞りによる不快が最初にないと、それが解き放たれた際の快も生じないことになるからだ。だからフロイトが生きながらえて、オールズとミルナーのネズミを使った実験の話を聞いたら、「そんなはずないぞ！」と反応したはずである。脳の一部のスイッチを押すと快が得られる、というほど単純なものではないと考えていたからだ。

ただしフロイトの「不快の解除こそ快である」という考え方は、おそらくオールズ‐ミルナーの実験までは心理学者たち皆が考えていたことであり、私たちの常識にもある程度合致する内容であった。不快がそのものとして脳に生じるとしたら、そのような部分を求めてさまざまな実験が行われたはずだ。ところが肝心のオールズ‐ミルナーもそれを期待していなかった。

彼らのネズミの実験については第1章で述べたが、少し補足しよう。彼らはネズミの網様体賦活系というところを刺激し、不快刺激を与えようとしていた。ネズミが実験の箱のある隅に来るとこの部分に電気刺激が与えられるような装置を作り、その隅には近づかなくなることを期待したのだ。ところが電極の先が曲がってしまって、私たちが後になって知ることになる報酬系を刺激することになり、ネズミは「もっと刺激して！」と言ってその隅に戻ってくるようになってしまったという。[5]

そう、その頃の心理学では、刺激すると快感になるような脳の部位を想定していなかったのである。

ということはフロイトと同じ考え方、つまり快は最初からそのものとして存在するのではなく、不快の除去により生じると考えたわけである。

そこで以上のことから「人（動物）は快感を求める」（快原則）だけでなく、もう一つの原則が必要だということになる。それは、

不快原則：「人（動物）は究極的には不快（苦痛）の軽減を求める」

という原則だ。結局快の追求と不快の回避や軽減は別々のものだった、ということをこのように示すことができるのである。

快イコール不快の軽減、ということでいいのではないか？

しかしそれでも人はこう問うかもしれない。「快原則」と「不快原則」は本当に別々に必要なのだろうか？　快イコール不快の軽減、ということでいいのではないか？　私はこのような質問をする読者の気持ちもわかる。その通りのように思えても不思議はないのである。

第一にフロイトはそう考えた。「赤ちゃんだって、生れ落ちてから、息ができなくて苦しくて、外は寒くて、おなかがすいて、おしっこがたまってきて、ウンチをしたくて……という風に不快からスタートするではないか。」大体生まれたときの赤ちゃんは苦しそうに大泣きしている。生直後の赤ち

ゃんがケラケラうれしそうに笑っている、という話など聞いたことがない。最初に苦しみありき、というのはその通りのような気がする。もちろんその赤ちゃんは母親のお乳を吸ってある程度満足そうにするだろう。彼らなりの快の表現だ。しかしその快も「おなかがすいた！　おっぱいがほしい！」という我慢や不快があったからこそ感じられるのではないか？　ウンチをする、おしっこをする快感はそれを我慢していたからではないか？　これは皆正しい疑問なのだ。不快が先行していたのだ、快はおそらくそれを得られないことを我慢した末に得られるものだ、という理論はそれなりに説得力がある。

昔、安永浩先生という大変な碩学の精神科医がいらした。精神病理学の大家である。その先生にこの点を尋ねてみたら、こともなげにおっしゃった。「だって快は緊張の放出で得られるということでしょう？　フロイトが言っていたように……」

私はこれを聞いて、心のエキスパートといわれる人たちの発想も、この件に関してはあまりフロイトと変わらないのだということを知って驚いた。つまり「快＝不快の解消」説はそれほど常識的なものとされているのだ。さてこの点についてもう五〇年近く考え続けている私の意見を以下のように集約しよう。

「この問題は報酬系の発見によりようやく正解が得られた。快の体験と不快の体験は、脳の別々の場所で行われている。だから快原則と不快原則は、両方が必要なのだ。」

この事情をもう少し分かりやすく表現しよう。

脳の中にあるメーターがあることを想像しよう。そのメーターとして、従来の心理学や精神分析学が考えていたものは、たとえばこんなものかもしれない。名付けて「快／不快メーター」。ゼロ以下になると、つまりマイナスになると不快を示し、ゼロで何も感じず、プラスにいくと快楽になる、というメーターである。あえて図示するとこんな感じだろうか？

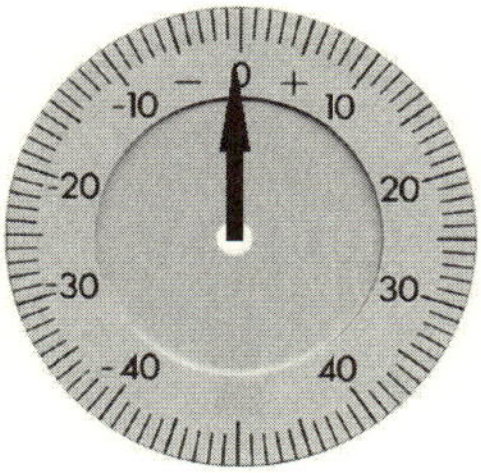

快/不快メーター

このメーターがマイナス10を示しているときは、ある程度の不快を感じていることになる。たとえば軽度の頭痛を考えよう。そして鎮痛剤を用いてその頭痛が遠のき、消えてしまったとしよう。するとメーターはマイナス10からゼロにまで動くことになるが、おそらく当人にとっては快が体験されるであろう。あるいは安心したという感覚なのかもしれない。不快、苦痛の除去が快であるというのはそのような状況では実際にありうるのだ。

しかし実際の脳を開けてみると（電極を刺してみると）、このようなメーターは存在しなかった。かわりにそこには二つのメーターがあったのである。一つは快のメーター、すなわち報酬系。そうしてもう一つは不快のメーターで、実はこれは脳のかなり広範囲に広がっているらしい。脳の大部分は、そこを刺激されると不快になる部分、いわば「処罰系」ということが分かった。図で示すと次のようになる。

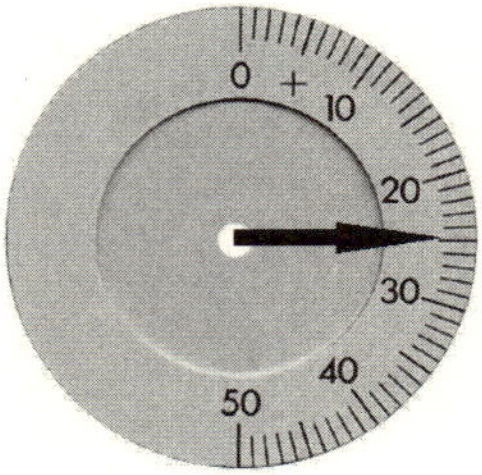

快メーター

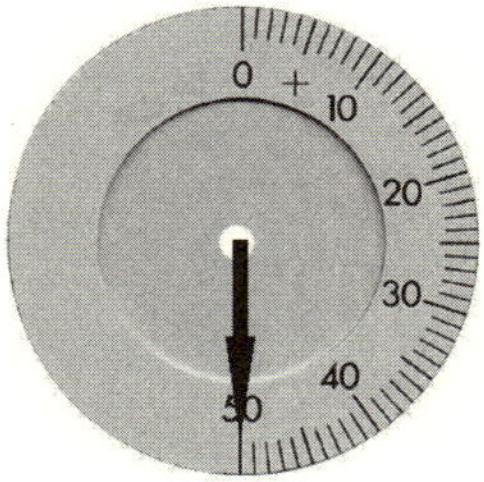

不快メーター

前者のモデルと後者のモデルが示す違いは明白であろう。

後者の場合は、ある一つの刺激は、両方のメーターに記録される。たとえば肌をやさしく撫でられると心地よいだろう。そのとき快メーターはプラス10、不快メーターはゼロだろう。しかしあまりしつこく撫でられるとヒリヒリしてくる。その場合にはそれまでの心地よい感覚とは別に痛覚の刺激が加わったことになる。それは右の図に示すように、快のメーターは25なのに、不快メーターが50で、プラスマイナスでプラス25の不快、ということになるのである。そこで「肌を撫でるのをやめてちょうだい！」となるわけだ。結局は両方のメーターの値の差し引きが、その行動を続けるか中断するかの決め手となるであろう。

しかしいずれにせよ重要なのは、最終的なプラスマイナスが行動を決めるとしても、一つの原則はもう一つの原則を無理やり引っ張ってくる、ということだ。快原則は「優しく撫でて欲しい」。不快原則は「痛いのは回避したい」。そして最終的に撫で続けるとしたら、それは痛いのを我慢している、ということになる。不快原則を無視して、あるいはそれにもかかわらず、ということになる。私が生命体においては、「快原則と不快原則が綱引きをしている」と表現するのは、このような事情である。

行動とは「快の追求＋不快の回避」である

ところでこの快原則と不快原則との綱引きの関係についてはウォーコップ・安永の説というものがある。彼らは「すべての行動は、快の追求と、不快の回避の混淆状態である」という理解を示したのだ。[45] この提言は英国の不思議な学者ウォーコップが示した人間観を、前出の安永先生が継承しつつ発展させたものだが、これは上に述べた「快原則と不快原則との間の綱引き」という考えにかなり近いことがわかる（このような形で安永先生は、結局は快と不快の綱引きを理論上は認めていたところが興味深いのだ）。

本章でウォーコップ・安永の理論を詳しく説明する余裕はないが、彼らの理論を分かりやすく言い表すならば、次のようになる。人間の行動は必ず、それを「したい部分」と、「しなくてはならないからする部分」の両方がまじりあっているのだ。彼らは前者を「生きる行動 living behavior」、後者を「死・回避行動 death-avoiding behavior」と名付けている。ただしウォーコップ・安永は「死・

回避行動」とは呼んでも別に本当の「死」を回避すると言っているわけではない。実質的には不快、苦痛を回避することと言い換えることができるので、誤解を避ける意味でも本書では、「不快回避行動」と呼び換えておこう。

この提言は私たちの日常生活に照らせばかなり妥当だと言える。というよりそうでない行動を見つけることが難しい。どんなにその行動に喜びが伴っても、義務の部分は何らかの形で入り込んでくるものだ。

例としてウォーキングをあげよう。面倒くさがり屋のあなたは、それでも健康にいいと聞いて早朝の三十分をそれに充てることにする。しかししばらく続けると、少し億劫になってきた。もちろんそれを心地よいと感じる部分もある。しかし純粋に楽しめていない。義務感に駆られてやっているという部分が多少なりともある。義務感に駆られているというのは、それを「しない」ことによる後ろめたさや罪悪感を回避するためにそれを行うという部分があるということである。「不快回避行動」とはそれを少し誇張して言い表したものなのだ。

このことをこれまで見た快原則と不快原則の議論に引き付ければどうか？　「不快回避」の部分は、見た目は不快原則に従った行動とは似て非なるものだということがわかる。慧眼なる読者ならお気づきであろう。「不快回避行動」の場合、それは散歩を継続するという方向に働くが、不快原則の場合は、それは散歩をやめる方向に綱を引くことになる。つまり、前者は、「散歩をしないことに伴う苦痛から逃れるために、散歩をせよ」（「散歩はやらないよりはマシだから続けよ」）であるのに対し、後者は「散歩は苦痛だからやめよ」と当人に働きかけるのだ。でも行動する場合は、結局は不快原則にもかかわらず行うという意味では、両者は同一と考えて差し支えないだろう。しかしここで一つ注意するべきことがある。それは「不快の回避」はいつの間にか「快の追及」に変質することが多いということである。傍線まで引いて強調しているが、実は当たり前のことでもある。それは私たちの心の未来を予期するという働きからくる。「不快の回避」を怠ろうとすると、その結果として実際に不快を体験するときのことを思い浮かべることになる。それは不安を呼び起こすだろう。すると今度はその行動を行うことは不安を回避できたという意味での安堵感、喜びを生む。こうしていつの間にか「快の追及」になるのだ。

たとえばウォーキングの例を思い出そう。あなたは実は「三日坊主になるのではないか？」と案じている。「今日、散歩に行く気にならずにサボったら、俺ってダメ人間だよな。」すると無事にウォーキングをし終わった際の「今日もルーチンをこなした」「体にいいことをきちんとした」という達成感は喜びになるだろう。「いやなことを渋々やった」（苦痛の回避）は「達成した！」（快の追及）に変わったというわけである。

「不快の回避」を「快の追及」に変えるのは想像力という名の錬金術である

ところで「すべての行為は快の追及と不快の回避の二つの要素からなる」という提言には、誤ってはいないものの、ちょっとしたトリックがある。それは「不快の回避」の一部はすでに、事実上快の追求と同じであるものも含まれるのだ。だからこの提言の一部はトートロジーだと言うわけである。

少しフクザツだがお付き合いいただきたい。

ある行為を行うということは、「その行為を行わないという行為を止めること」でもある。要するに「我慢することを止める」ということだ。ウォーキングに出たくてウズウズしている人なら、予定した時間になるまでは、「すぐにでもウォーキングを始めたいのを我慢する」という不快な行動を続けていることになる。すると実際にウォーキングを始めることは、ウォーキングの「お預け状態」から解放されることでもある。するとある行為にともなう快のリストには、その行為をしないことによる不快を回避すること、という項目は必然的に含まれることになる。それも結局は「不快の回避」の一つの形といえるのだ。

このように考えると、「不快の回避」にはグラデーションがあり、それ自身が不快な「不快の回避」から、しないではいられない、つまりそれ自身が不快ではない（むしろ安心感を生む）「不快の回避」までさまざまなものがある。しかも後者から前者への移行は、自然に、あるいは私たちの精神の力、すなわち想像力で可能なのだ。私たちの想像力は、不快の回避から新たな快を生むことができる。それをちょっと奇をてらった言い方ではあるが、想像力による「快の錬金術」と称しているのである。

まだ分かりにくいと思うので、もういちど整理しよう。今度は禁煙の例だ。タバコを吸い続けると癌になりやすい、とテレビでやっていた。でも今、目の前の一本を吸うことで突然癌になるわけではない。ヤメたくないなあ。長年吸っていたんだし。でも止めると決めたからなあ。つらいなあ。これが不快な「不快の回避」である。こちらは止めることのメリットが実感できず、しかしいったん決めたことだから止めるのだ、くらいの理由しか即座には思い浮かばない。ではこの不快な「不快の回避」から、不快ではない「不快の回避」にするのはどうしたらいいだろうか？　それは数日前に見た「タバコを吸うと癌になるぞ」というテレビの内容を思い出し、あるいはさっき吸ったタバコのタール成分が肺の細胞の遺伝子に突然変異を起こすシーンをありありと想像することである。一種のイメージ療法である。これは実は副流煙を毛嫌いする人が皆自然と頭の中でやっていることなのだ。「今、となりの喫煙者の口から出て目の前を漂っているこの煙を吸い込むと、私の肺に入って、肺が黒くなって……。オー、ヤダヤダ。」もしそれを喫煙者自身がありありと実感したら、目の前に用意し、これから吸おうと思っていた一本を喜んでゴミ箱に捨てるだろう。それはむしろ安心感を生む行動になるはずだ。

ここで少し応用問題だ。「あなた、ウォーキングに行くんでしょう？」とカミさんに怒られてしぶしぶスニーカーに足を入れる、という例はどうだろう？（ナサケナイ例だ。）おそらくカミさんとの関係性が重要になるだろう。ウォーキングを止めることのデメリットを自分で想像し、しぶしぶやるのではなく、カミさんに脅されてウォーキングをするということになるのだ。そこに一種の「恐怖」が介在するために、自動的、反射的なものに近くなり、先ほどのグラデーションでいえば端からは一歩反対側に離れることになる。ちなみに一番端の「不快の回避」は、もう義務感だけということになる。そのデメリット自体が実感を伴わない、記号化したものであることに注意すべきであろう。そして私はこの種の「不快の回避」こそが一番不快であろうと思う。「不快の回避」のメリットが実感される度合いにしたがって、この端から離れ、カミサンに怒られる、まさに「鞭から逃れる」状態になるが、これは「快」にかなり近くなる可能性がある。なぜなら逃げおおせた場合には、恐怖から解放されるからだ。こうして不快の体験の際は、不快が払拭されること自体を切望するようになる。苦痛の終わりは、事実上「快」に変質するからだ。

ただしこの「不快の回避」軸上のどこにあるかという問題と、その時の不快の度合いは必ずしも一対一で対応することはない。タバコの例だと、「やめると決めたから」というだけで喫煙できないことの苦痛（一番端）は、「タバコは怖いから」（少し中央寄り）よりは大きいだろう。でもたとえば卒業論文を書くというのはどうだろう。まだ締め切りが先（左端）だとダラダラ書けるから、さほど苦痛ではない。しかし締め切りが近づくと、締め切りに遅れることの恐怖も実感されることになり、軸上の右に移動するわけだが、これはどんどん苦しくなってくる可能性がある。論文を書くスピードも速めなくてはならないからだ。私は個人的には、締め切りが迫って急いで仕上げなくてはならないという状況で論文を書くのが一番の苦痛である。その苦しみを味わうくらいなら、早めに準備する。

ただし切羽詰って書いているうちに、少し躁気味になり、ノッてくるということが起きると話は違う。今度はそれ自身が楽しくなるという人がいる。ここが人間の複雑なところだ。人間の行動は、突如としてそれそのものが快楽の源泉となったり、不快の源泉になったりする。

フロイトの「現実原則」も侮れない

さて本章の最初に少しだけ紹介した、フロイトの「現実原則」について考えよう。これは快原則の際の快の体験を必要に応じて延期する原則である、と紹介したが、何のことはない、快原則と不快原則の両方を有しているという人間のあり方をそのまま表現しているに過ぎない。

ウォーキングの例で考えよう。もし「健康になりたい」がその最終目標であれば、当然一回のウォーキングでそれをかなえることはできない。せいぜいウォーキングそのものが心地よい、というくらいの快しか味わえないだろう。もちろん「ああ、これで一歩健康になれた！　ジーン」という喜びもないわけではないが、それはむしろ数日前に見た健康番組の体験を思い出すことによりやっとよみがえらせることができる気持ちだ。あの時はつくづく自分の生活の放埒さを反省し、また恐ろしくもなった。成人病のリスクは非常に高いと自覚した。そしてその時やっと「ああ、健康になりたい」と思えたのである。とすれば毎日のウォーキングは「不健康さ、成人病の危機」の恐ろしさからの回避というニュアンスの方が大きいということになる。ここでの決め手は数日前のテレビ番組を回想し、自分の体の中で潜行しているさまざまな問題を想像することなのだ。

もう少しわかりやすい例で補足しよう。ネットの動画サイトで印象深いものを見た。たくさんの犬の「お預け」のシーンである。二十匹ほどの犬が、自分たちの前にある複数の餌の入ったボールを前にして、ムチを持った飼い主の「食べてよし！」の合図を待っている。ある犬はすでによだれをダラダラ流している。大抵の犬は居ても立っても居られない様子でジタバタしながら、でも決してボールに口を近づけようとはしない。もしそんなことをしたら、飼い主のムチが飛んでくることをよく知っているからだ（もちろん年月をかけてそのように調教しているのである）。そして犬たちは、飼い主の合図により一斉に餌のボールに突進する。一匹だけではなく、それを二十匹以上の犬が行うから壮観である。人間ではなく、動物が見せる快の遅延の例なのだ。

ここで犬たちの報酬系で起きていることを考えてみよう。目の前に餌の入ったボールを出された時点で、快感を査定すべく想像力が働く。「やった、これから餌だ！」という感激である。そして同時に不快原則も働いている。お預けに反してえさに飛びついたら、飼い主にムチ打たれることを犬たちは良く知っている。それを想像した「イタい、コワい！」感もあるだろう。両者を比べて後者の方が凌駕しているから犬は「お預け」を選択するのだろう。もし逆の関係なら、ムチが身体に食い込み、皮膚を引き裂く苦痛に耐えながらも餌に食らいつくことになるのだ。ということは犬の脳内には、そして人間の脳内においては、快原則と不快原則が常に競合し、最終的に勝ったほうを選んで行動を決めていることになる。それが「現実的な路線を選ぶ」という意味ならまさに「現実原則」であり、それは以下のような式に表現することができるというわけだ。そしてこれはフロイトが示した「現実原則」と事実上同じことを言っているのである。

「快原則」＋「不快原則」＝「現実原則」

快の錬金術は前頭葉のなせる業である

先ほど現実原則における想像力の大切さについて少しだけ触れたが、これは極めて重要な問題点である。

ウォーキングの例では、それをもっぱら義務感から続けるという場合を考えた。あなたは「面倒くさいなあ」とか「本当はこんなことは必要ではないんじゃないか?」とか思いつつ、「でもこのままだとまた三日坊主になってしまうかもしれない」と考え直して、嫌々スニーカーをはくという場合である。この種の義務感のみに従った行動というのはかなりの苦痛を伴うわけだが、これをどうしたら楽しいものにできるだろうか?

ここで考えてみよう。少なくともウォーキングを始めたひと月前は、ウォーキングはさほど苦痛ではなかった。むしろ張り切って「よし、これからは毎日一万歩歩くぞ」と新しいスニーカーを買いに走り、張り切って始めたのである。それはあるテレビ番組を見た翌日のことであった。その番組では生活習慣病について特集し、それを見ながらあなたはつくづく自分の炭水化物中心の食生活や運動不足が問題であると思い知らされた。そして番組でゲストの医師が言っていた「このままでいくと徐々にメタボリック症候群がひどくなり、やがて糖尿病や高血圧になり……」という言葉が頭に残り、不安と恐怖でいっぱいになったあなたは、さっそく仕事から帰って三十分のウォーキングを思い立ったのだ。

最初の二、三日は、あなたはそのウォーキングに意欲的だった。「自分は健康にいいことを始めたのだ」、「メタボリック症候群に陥る危険を確実に回避しているのだ」と思うことができたからだ。しかしその意気込みは徐々に薄れていった。そしてひと月たった今は、ウォーキングの時間が近づくと「メンドーだなあ」とため息をついているのである。しかしそれでもウォーキングを続けるのは、ウォーキングから戻った時にある種の達成感が感じられること、そして「三日坊主にならずに済んでいることになることはおわかりだろう。これまでの議論から前者は快感であり、後者は不快の回避ということになることはおわかりだろう。

さてここでのテーマは、このウォーキングというルーチンを、より快楽的なものにするにはどうしたらいいか、ということだ。そこには想像力が関与している、と述べたが、それはどういうことか？

一つには、最初の頃に持っていた不安感を何とか取り戻すという手段がありうる。たとえばあなたがあれほどインパクトを受けたテレビの健康番組をいつも思い出し、あるいは録画をしたものを毎日のように再生し、いかに今の食生活では自分の健康が損なわれかけていて、今すぐにでも生活習慣を変えなくてはならないのかを、生々しく感じ続けることができたらどうだろうか？　あなたは自分の生活の不健康さを思うたびに、メタボリック症候群の恐ろしさを感じ、不安を新たにするだろう。すると毎日のウォーキングは、それに対する具体的な対策としての意味を、そのたびごとに感じさせるのではないか？　そして毎日のウォーキングに大きな意味付けを与えてくれることで、その不安を減らしてくれることに役立つだろう。

ところでこの種の快の錬金術は、誰でもある程度はその能力を持っている。私たちがある喪失体験を持った際に、それを諦め、忘れさせてくれるのである。そのおかげで、もしその喪失が将来埋められた際には、それを獲得として感じ取るようにもなるのだ。

たとえばあなたが十万円入りの財布をなくしてしまったとしよう。通勤の途中で落としたと考え、もう絶対出てこないと諦めてしまったとする。その財布が一週間後にソファーのクッションの隙間から出てきた時は、「やったー、十万円ゲット！」となるだろう。喪失は獲得へと変換されたのだ。

ただしこのような変換を行えるためには、ある程度の精神の健全さが必要である。少なくとも、うつや強迫を伴っていないということは大切だ。人間はある程度の心のエネルギーがあれば、失ったものを諦め、「しなければならない」ことを「しないと不安なこと」→「すると安心できること」→「すると喜びを感じられること」へと、さほど困難なく変えることができる。特に「しなければならない」ことがそれほど苦痛なことではなく、「多少面倒だ」程度のことなら、いったんそれに集中するると案外スムーズにできたりする。するとその行動自体の快を増すこともできる。最初は気乗りのしなかったウォーキングも、歩き出したら案外楽しい、ということもあるだろう。そして歩き終わった後は「今日もルーチンをこなしていい気持だ」となる。

しかしこの種の芸当が一切できなくなるのがうつ病なのだ。うつになると、普段面倒に感じていたことなどは、およそ実行不可能になる。始めても少しも楽しくない。集中力により乗り切る、という力も残されていないのだ。

強迫神経症もこの種の変換を難しくする。ある行動（強迫行為）をしなくてはならないという思考が、理由もなく突然に襲ってくる。ウォーキングの途中に目に入る電信柱を数えないと不安になり、歩道のタイルを一定の順で踏まないではいられなくなり、数十メートル歩くだけで疲弊しきってしまう。強迫は、自分の生活にかかわる行動の多くが、まさに「しなくてはならない行動」になってしまうのである。

快の錬金術には、個人の工夫や創造性も大いに貢献する。ウォーキングをした後はカレンダーに大きな丸を付ける、でもいい。新しいシューズを買って、歩きながらその履き心地を楽しむ、というのも悪くないだろう。またそんなお金もなかったら、家族に自慢する、でもいい。家族の誰もほめてくれないならば、最近だったらツイッターで呟くという方法もあるではないか。

このような能力を発揮しているのは、主として前頭葉である。特に後背側前頭前野は、将来にわたる行動のシミュレーションに携わる部位である。この部分は自分がある事柄をどのように実行していくかのタイムテーブルを作成することに貢献する。錬金術師の住処はここだったのだ。

快原則と「本能的、常同的、無意識的な活動」

以上、本章では人や動物の行動を「快原則」と「不快原則」の両方に支配されたものとして描いた。しかしこれらの二原則がある程度うまく働くためには、言い換えれば現実原則がうまく機能するためには、その生物がある程度以上に高等である必要があるという事情がある。なぜなら両「原則」とも実際には体験されていない快感や不快を査定ないし検出するために、それ相当の想像力を必要とするからである。下等動物ではこうはいかない。想像力が足りない分だけ、彼らの行動は本能というプログラムに占められているのだ。しかしその本能に基づく行動にも快原則は関わっている。

ここでヒメマスの例を出そう。ヒメマスは産卵の後、一生懸命ヒレをパタパタさせて卵に新鮮な水を送る。でも彼らは自動的に、無意識的に、常同的にヒレのパタパタを続けるだけだ。それはすでに一つの回路として脳の中にプログラムされている本能の一部なのだろう。生物が高等になるにつれて、本能による行動の間にできた隙間を、自由意思による主体的な行動が埋めることになる。しかしだからといって、本能に従った行動が快、不快と無関係というわけでもない。それ自身がおそらく緩やかな、あるいは強烈な快を伴っていることも想像できる。

ヒレをパタパタして卵に水を送るヒメマスは、おそらくなんとなく心地いいから続けるのだろう。そうすることが苦痛なら、とっくの昔に「育児放棄」してしまうはずだ。本能に従った行動それ自身が緩やかな快（あるいは強烈な快かもしれない）を伴うのは、その本能的な行動が中止されないための重要な仕組みと考えられる。これが生殖活動などになると、大きなエネルギー消費を伴うためにそれ自身が大きな不快や恐怖にも転じかねない。だからこそ当然強烈な快に裏打ちされていなくてはならない。メスのヒメマスが産んだ卵に必死に精子をかけて回るときのオスは相当コーフンしているはずだ。

これらの事情は私たち人間にとっても変わらない。食行動、生殖行動など、明らかに本能に深く根ざしている行動には強い快感が伴う。また無意識的に行っている、いわばルーチンとなった行動についても、穏やかな快感くらいは伴っていることが多い。たとえば人は決まった通勤路を歩いている時には、その行為について意識化していないことが多いが、おそらくはある種のゆるやかな快を伴っているからそれが続けられるのだろう。だから風邪などをひいて体調を崩しているときには、すぐにその活動は不快に転じてしまう。少し歩いてはみても、結局はタクシーを呼んだり、道に座り込んでしまいたくなったりするように。

私たちが無意識に、あるいは習慣で行う行動にも、報酬系はそっと寄り添ってくれているのだ。

第3章　Cエレガンスは報酬の坂道を下っていく

第1章でも述べたように、私は「何が人を動かすのか？」という素朴な疑問について半世紀ほど考え続けているが、いまだに解決がつかない。しかし三〇年前に持っていた疑問に対して、今はその解決の糸口を持っていると感じる。それはこの問題が報酬系という人間の脳のシステムと深くかかわっているという事実である。そして人間が何かに惹かれて行動するように、最も下等な動物でも、それが自由な運動を獲得し、敵を避けて餌を求めるという行動をとり始めたときに、すでに私たち人間と同じような装置を用いながら動いていることを知った。そう、決め手はやはり報酬系である。報酬系を知ることが心を、心を持った人間の行動のなぞを知る手がかりになる。

Cエレガンスは「幸せ」なのだろうか？

人の心を動物と言う観点から考えるとき、私の心はどうしてもCエレガンスに向かってしまう。正式な名前はCaenorhabditis elegans（カエノラブディティス・エレガンス）。あまりに長たらしい名前なので、科学者たちも単純にCエレガンスと呼ぶ（本書では後に「Cエレ君」などの愛称で登場する）。

この体長一ミリほどの小さな虫（正式には線虫と呼ばれる）は、一種のモデル生物として科学的な実験に非常によく使われる。体細胞は約一〇〇〇個。神経細胞は三〇二個と決まっている。人間の体細胞の数は数十兆個といわれているから、ずいぶん単純なものだ。しかしこれほど単純なのに、学習をし、もちろん生殖もする。そして走性《そうせい》を示す。走性とは好みの刺激、たとえば匂いや光や化学物質の方向に進んでいく、という性質である。その姿は顕微鏡の下でのぞくとミミズのようで、名前のように「エレガント」な感じはしない（図3-1）。

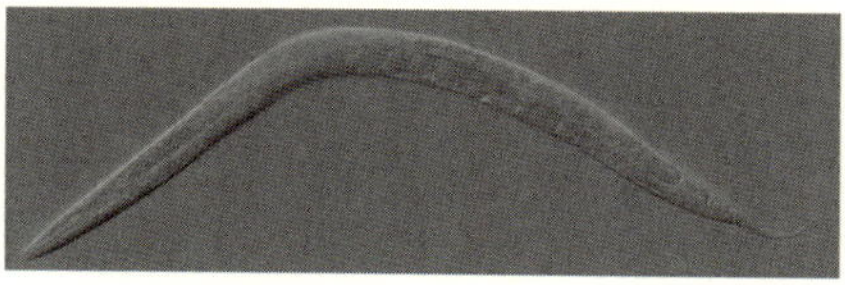

図3-1　Cエレガンス

Cエレガンスの染色体は六本あるが、そのゲノムは一九九八年に多細胞生物としていち早く解析された。その結果、六本の染色体上に約一九〇〇〇個の遺伝子の存在が予測された（これは人の遺伝子数三万程度と比べてもものすごく多いという印象を与える）。

二〇一五年に九州大学の研究グループは、Cエレガンスが特定の癌の患者の尿の成分を求めて泳ぐという性質を発見した。Cエレガンスは、尿の特定の「匂い」を求めて泳ぐという。もちろん水の中のことだから、本当の「匂い」ではない。液体に溶け込んでいる極めて微量の化学物質を意味することになる。Cエレガンスはこの化学物質を求めて泳いでいくのだ。たった三〇二個の中枢神経の細胞で、どうしてそんなことができるのだろうか？　一〇〇〇億個の神経細胞を持った私たちが、喉の渇きのために砂漠の向こうに泉を求めてさ迷い歩くのならよくわかる。しかし、たった三〇〇個の神経細胞の集まり、脳ともいえないようなとてつもなく単純な生物もまた同じような行動を起こすのである。

「はじめに」で紹介した、家事に熱中する元商社マンAさんと、特定の尿の匂いを求めるCエレガンスには大きな差があるが、それでも私に例の興味を抱かせる点では同じだ。生物はどのようにして動いていくのか。それを駆動する力はなんだろうか？　渇きや飢えといった、質を伴う感覚であろうか？　それともロボットのようにデータとしての匂いや光に向かうのであろうか？　そもそもCエレガンスはその尿の匂いを「おいしい！」という喜びとともに感じるのだろうか？　もしそうなら、その源に向かう、という行動はどのようにして成立するのであろうか？　直接その匂いのもとに到達したわけでもないのに、どうしてそれを求めて泳ぐということが可能だろうか？

もちろん読者の中にはこう考える人がいるだろう。「単純な生物が感情や欲望を持つはずはないであろう。」「ロボットのように自動的に匂いのもとに泳いでいくのだ。どうして感情など必要なものか？」

しかしそれならば私は彼らにこう尋ねたい。「では私たちはどうして感情や欲望という厄介なものを持っているのでしょうか？　快や不快や渇望や苦痛など、ややっこしいものをどうして体験しなくてはならないのでしょうか？」

おそらくこの疑問には永遠に正解はないのであろうが、少しでもそれに迫っていくのが本書の目的の一つである。

基本は「報酬勾配」だろう

まず基本に立ち戻る。動物（人を含めて）を動かす原理。それは「快を求め、不快を回避する」という性質である。第2章でみた、「快原則」である。私はそれを特別の根拠を示さず、ただ体験から言えることとして述べた。しかしこれは正解だろうか？

いや、その答えの追求を、ここではまだ急がないことにしよう。そしてとりあえずこの「快原則」を受け入れるところから始めよう。事実、この原則はすごく正しいように思える。生命体は快を求め、不快を避ける。当たり前である。その通り。この原則は、直感のレベルでは正解なのだ。

ただしすぐに一つの問題が生じる。「すぐにでも快楽が得られないとしたらどうするのだろうか？」そう。Cエレガンスも匂いのもとにすぐにたどりつくわけではない。Aさんだって家事が終わってほっと一息、となるために何時間も働き続ける。報酬が即座に保証されないのに、動物はどうして動き続けるのか？　それも夢中になって。

私はこれを三日三晩考え続け、一つの結論にたどり着いた。そして動物生態学的にもそれが妥当であることを追認したので、ここに表明したい。それは生物がある種の報酬の勾配におかれた際に、それに惹かれていくということである。これはどういうことだろうか？

もちろんCエレガンスは水の中を泳ぎながら、「匂い」のもとに向かって、「こっちだ、こっちだ、もうすこし」などと思っているわけではない。彼らはおそらく何も感じずに、体が勝手に反応して泳ぎ続けるのである。しかしここには一つの仕掛けがある。Cエレガンスが好む匂い物質の濃度勾配（薄い⇒濃いという方向性）がそこに存在するということである。つまりシャーレの一端に患者の尿をたらし、そこからの距離に従って、そのにおいが拡散していく、という状態に置かれることで、彼は動いていくのだ。先ほど例に挙げたAさんなら、「さあ次は掃除だ。これが終わったら洗濯をして……」と頭の中の予定表を徐々にこなしていく。それそのものが楽しいはずなのである。仕事の完了に向かって着々と進んでいく感覚。それをここでは「報酬勾配 reward gradient」、と呼んでおこう。そしてその由来をCエレガンスが置かれる濃度勾配に見出すことができるのだ。濃度勾配こそ、生物が動いていく際の決め手として注目されているテーマなのだ。

走化性（ケモタキシス）という仕組み

匂いに向かって進む性質、それはCエレガンスはおろか、なんと単細胞生物（！）にも存在することが分かっている。それを走化性 chemotaxis と呼ぶ。“chemo”とは「化学の」、“taxi”とは「走る」、という意味だ。タクシー、というではないか。

化学物質に濃度勾配があれば、鞭毛（細く長い、ムチのような毛）を持った細菌などはそれに従って移動する。いや鞭毛をもたない白血球なども同様の行動を示すという。そして何に向かって走るかにより、温度走性（温度の勾配に沿って走る）、走光性（明るさの勾配に沿って走る）などがあるが、医学の分野との関連で濃度勾配により移動をする走化性の研究がずば抜けて多いのは、これが生

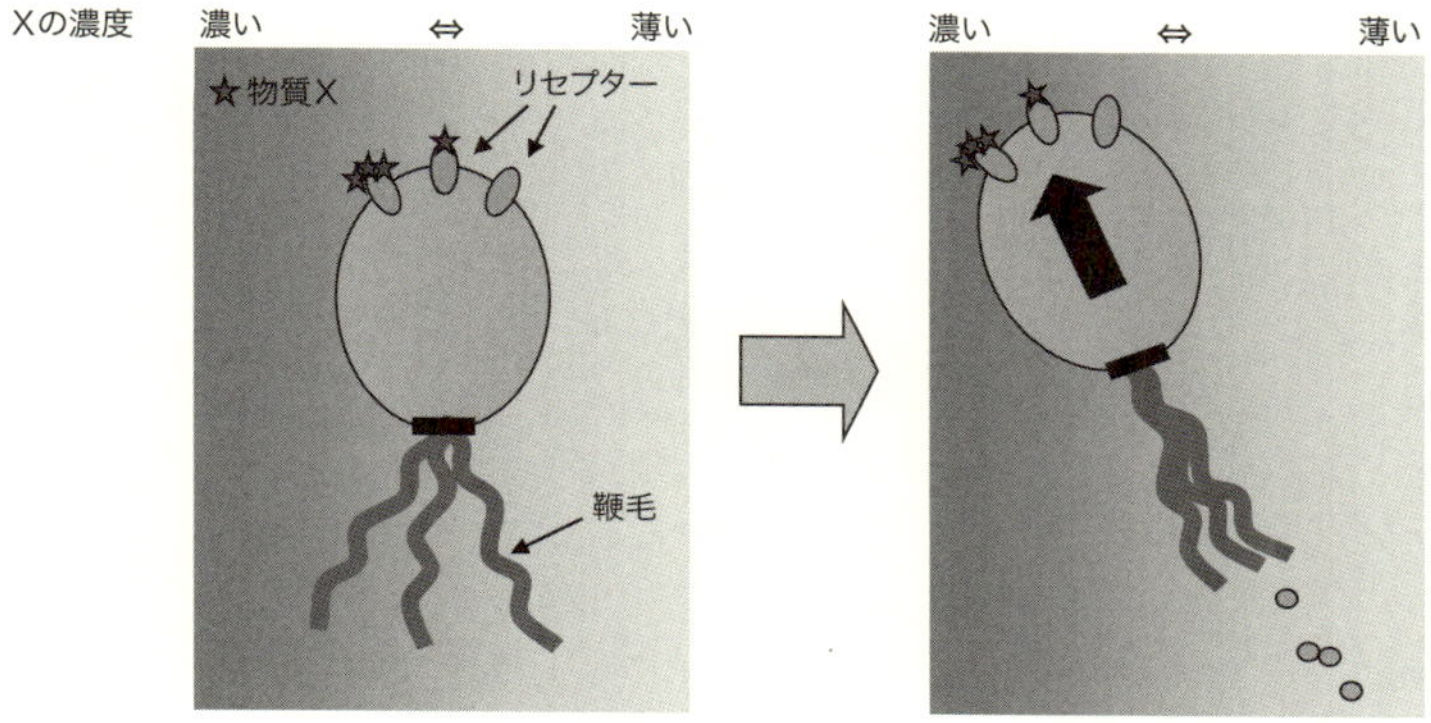

図3-2　走化性

物学と医学の両方で特筆すべき重要性を持っていることの証である。何しろ一七〇〇年代初頭にレーベンフックが顕微鏡を発見した時から、「なんだ、この細胞、ジワジワと一つの方向に動いているようだぞ！」ということが発見されたという。生命のもとになる単細胞が、どこかに向かって泳ぐ（というかジワジワ動く）ということが発見当時にすでに分かっていたのだ。そしてそれがある種の化学物質に向かう、あるいはそれを嫌って避けるということは、その細胞の基本的な性質としてあるのだ、という認識が高まってきた。あとはその研究の歴史が延々と続くのである。由来はCエレガンスどころの話ではなかった……。Cエレガンスは多細胞生物である。体長一ミリ、細胞の数は一〇〇〇前後の立派な体を持っている。彼が「走る」のはむしろお茶の子さいさいのはずだ。

科学者たちが考えている仕組みは、おそらく私たちが持つであろう発想とあまり変わらない。身体の頭部に左右に分かれたセンサーが存在する。左右のセンサーが感知した物質濃度に差があれば、高い方に頭が向かう、という類の装置が容易に走化性を成立させることになる（図3-2）。

ではどのような形で走化性が生じるのだろう？　たとえば鞭毛を持っている細菌の場合、次のようなことがおきるらしい。反時計回わりをすると、鞭毛はひとまとまりになる。それにより細菌は直線的に泳ぐ。そして逆に時計回転をすると、繊毛がバラバラの方向を向き、その結果として生物はランダムな方向転換をするという。要するに逃げる、ということなのだ。そしてそれが起きるために存在するべきものがある。リセプター（受容器）だ。細菌がXという匂いに向かっているとしよう。するとXの分子が細菌の表面にあるリセプターにくっつく。そこからさまざまな化学反応を誘発するのであるが、簡単に言ってしまえば、一瞬前のXの濃度に比べて、現在の濃度が上昇しているか、下降しているかにより繊毛の回転方向が決まってくるわけである。たとえばリセプターが細菌の表面にたくさんあり、ある時点でそれについたXの濃度がNパーセントだとしたら、しばらく走るとNプラス1パーセントに上昇したことで、細菌は「ヨッシャー、この方向や！（なぜか関西弁だと雰囲気が出る）」とばかりに鞭毛を反時計回りにブルンブルン回すという仕組みができている。

もちろんこの場合、細菌はより濃いXを感じ取ることで「ヨッシャー」とは感じていないだろう。上記の例は少し擬人化して書いただけである。細菌は考えるべき心を宿すスペース自体がない。このままでは細菌はロボットそのものだ。でも一つだけ言えることがある。生物はたとえ細胞一つでも、自分の体にいいものを求めて動く。そしてその際の決め手は濃度勾配、つまりは報酬の坂道を下るという作業なのである。後は生命がいくら複雑になっても、同じような仕組みを考えればいい。

たとえば産卵をしに川を遡行する鮭でもいい。あれほど一心不乱に、ボロボロになりながら上流を目指すメス鮭は、明らかにコーフンし、目的地に向かって期待を胸に泳いでいることだろう。もちろんもうひとつの仮説は、彼女たちが何かの恐怖におびえ、一目散に上流に「逃げ」ている可能性だ。しかし私は絶対前者に賭ける。鮭は「匂い」を頼りに、生まれた川を目指すと言われている。すなわちその川に特有の物質（もちろんものすごく微量な物質の集合体だろう）の組み合わせの「濃度勾配」に反応する「走化性」が決め手となるだろう。ただし鮭あたりになると、私はそこに心を宿しているると思いたい。そのメスの鮭の頭には、産み落とされる卵たちの「早く、早く」という叫びや、排出された卵に狂ったように精子を振りかけるべく待ち構えているオス鮭のイメージが広がっているかもしれない。彼女たちは間違いなく上流を目指すことを命を懸けて、ある種の興奮状態に駆られて行っているはずなのだ。

報酬勾配に置かれた私たちは最も興奮し没頭する

ここで心を持つはずのない単細胞生物の細菌や、心を持っているかいないかも分からないCエレガンスのことはさておき、人間である私たちのことを考えてみよう。私たちが何事かに熱中し、夢中になって課題に取り組んでいるとき、それはやはり「報酬勾配」に置かれた状態と考えることができる。報酬勾配とは先ほどチラッと出てきたが、要するにこれまでの濃度勾配の話から一歩進めただけである。Cエレガンスにとっての匂いの勾配のような、ある種の報酬の勾配に置かれたとき、私たちは興奮し、没頭する。これは生物学的な宿命といえる。おそらくその典型は動物における交尾のプロセスであろう。いったん始まった交尾のプロセスは簡単には止められないのは人間も動物も同じはずだ。

ちなみに、この報酬勾配がない場合の快楽、というのも考えるといいだろう。報酬勾配を下ることのない快楽は、静かな快、「静的快」とでも呼べるものだ。静的快は、それに浸っているだけで十分な状態である。温泉につかっている時のように「あー気持ちいい、ここを動きたくない」となる。ところが報酬勾配に従った場合は、「動的快」ということになる。何かに向かって泳ぐのだ。その例として、おなかをすかしたワンちゃんが餌の入った容器に突進し、顔をうずめて一心にパクつき、最後にはお皿をペロペロ舐め回しておしまい、という一連の動きを考えよう。「静的快」と「動的快」の違いは、つまるところそこに報酬の勾配が存在するか否か、ということになる。

さまざまな報酬勾配の例

以下にさまざまな報酬勾配の例を考えてみる。

あるダイバーが海底に不思議な貝殻のようなものを発見する。角張っていて、ちょっと六角形にも見える。汚れを落としてみると、なんと金貨であった！　まだ確証はないが、きっと何かすごい価値があるに違いない。どうしてこんなところにいきなり金貨が落ちているのか、さっぱりわからないが、それにしてもたまたまこんなものを発見するなんて、なんと幸運なんだろう、すぐに近くにいる仲間のダイバーに伝えよう。ラッキー！　ここまでは上述の「静的快」と言えるだろう。

ところがふと気がつくとそばにある珊瑚の塊は、何か船のような形をしているようだ。ということは難破船の名残か？　ひょっとしたらこのあたりには、その船に積まれていた金貨がたくさん散らばっている可能性はないか？　その目で見ると、そこここに似たような「貝殻」のような形のものが落ちているようだ。ダイバーは、仲間に知らせることをやめて、夢中で探し出す。もう誰も彼を止められない。どこかに金貨を入れていた壺ごと発見できないだろうか、それをひとりじめできないかと時間の過ぎるのを忘れて……。これは「動的快」。後者で起きているのは、探すという行為が更なる快を生むという、「勾配」の存在なのである。

報酬勾配が逆向きだったりする場合もある。その場合人は苦痛から逃れることに夢中になる。こんな例を考えよう。あなたが腰の痛みに耐えているとする。慢性的な痛みで、安静にしているとやがて落ち着いていくのがわかっているので、あなたはカウチに静かに横たわっている。これは「静的不快」。ところが家族の誰かが「マッサージをしてあげるよ」と言ってあなたの腰に手を当てる。最初は特に何も感じず、少し安心していたが、マッサージする手がジワジワと移動し、ある部位に近づいたら急に痛みが増したとする。あなたは悲鳴をあげて「そこはやめて！」と叫んだり、逃げ出したりする可能性がある。急に生まれたマイナスの「報酬勾配」により、痛みは動的になり、人はそれに反応して突然「走性」を発揮する。こちらは「動的不快」ということになろう。

以上の考察から、報酬勾配は「動的快」「動的不快」に結び付くという点を論じたが、実は勾配が存在していても、その体験が静的である可能性がある。それは報酬系が飽和状態に達する場合だ。渇きを癒すために水を飲む場合を考えよう。どんなにのどが渇いていても、人は永遠に水を飲み続けるわけではない。コップに三〜四杯も飲んだらもうたくさんという状態になるだろう。最初の一口、二口、あたりの快は極めて大きいはずだ。しかしそのうち上限に達してしまうと、後は快の大きさはそれ以上にはならず、むしろ苦痛を伴うようになる。おそらく私たちが日常体験するナチュラルハイなどは、環境としてはポジティブ、ネガティブな報酬勾配が提供されていても、「静的快」、「静的不快」に早晩行き着くことになるのだ。

＊　＊　＊

ということで最後にCエレガンスの話に戻らないとこの章を終えることができない。Cエレガンスが患者の尿の匂いに向かって泳ぐ時、彼は「動的快」を味わっているのだろうか？　一つ確かなことは、彼は報酬の勾配を下っていくことだ。不明なのはCエレガンスが心地よさを体験しているかどうかということだけだ。患者の尿のふくむ物質Xは原因は不明ながらも彼が生き延びる確率を高めるであろう。だから結果的にCエレガンスは物質Xに惹かれるという性質を有するようになったのだろう。それ以上の事実は不明である。

ただし私は想像するのだ。Cエレガンスは物質Xを嗅ぎつけて、コーフンし、ワクワクしているはずだ。Cエレガンスの中枢神経には三〇二個しか神経細胞がない。そこに心は置けないだろう。でもそこに快感の原初形態の、そのまた原初形態、ほんのかすかな心地よさの始まりがあるはずである。何しろCエレガンスには六つのドーパミンを産生する神経細胞が存在するという(9)。ドーパミンと言えば、なんといっても快感に関連した物質なのだ。

もちろんCエレガンスが快を感じていることは、誰にも証明されないだろう。でも彼が快を感じていないということを証明するすべもないのである。

第4章　報酬系という装置を作ってみる

本章は、私たちの想像力を駆使して、報酬系を持ったロボットを作ってみようという試みだ。そのロボットはもちろん分解可能だ。そこから報酬系の姿を知るというわけである。だから心の中で行う一種のリバースエンジニアリング（分解して仕組みを調べ上げること）というニュアンスがある。

まずあなたはロボットの製作者である。そのロボットの機能自体はごく簡単なものである。特に名前はないが、仮に「Cエレ」と呼ぼう。何か変な名前だが、その由来は定かではない。細長い体の部分はもう出来上っており、あとは頭の部分だが、複雑な行動を行わせる予定はない。たとえば感情の体験などは到底無理だ。だいたいCエレ君は、それを表現するような表情や声なども備えていない簡単なロボットである。でも製作者であるあなたは一つの使命をCエレに負わせる。それは「生き延びる」ことであり、そのための行動をするようなプログラムを与えるのだ。「生き延びる」と言ってもそれほど大げさなことではない。要するにCエレの素材の耐用年数が来るまでは、壊れずに動き続けることだ。そのロボットの頭部には一つのチップが埋め込まれることになっているが、あなたはそのプログラムを書き込まなくてはならない。ロボットはその指令に従い、それにより結果的に「生き延びる」ことになる。ちなみにそのチップには「報酬系」と薄く書かれているが、まあそれはどうでもいい。読者には私の目論見をなんとなく分かってもらえればいい。それは「生き延びるためのプログラムを与えると、それは結局報酬系と同等になる」ことを示すことだ。しかしこの部分は読まなかったことにしてほしい。

さて生き延びるという使命そのものはシンプルだが、環境はできるだけ自然に近づける必要がある。しかしあまり自然界に似せると条件が複雑すぎて思考実験ができない。そこである程度の複雑さを持った実験環境を与えることからはじめよう。まず「生き延びる」、とは具体的にはどういうことか。そのためには第一に「食べる」ことである。ロボットにとっての食物とは要するに充電である。そのためにCエレは実験室のいくつかの場所にある充電用のマットに行く必要がある。そのマットには磁場が発生しており、マットの上に載るだけで、電磁誘導でCエレの内部に埋め込まれた電池が充電されるとしよう。しかし残念なことに、その電源マット自体が充電式なので、電気の量が限られている。そこでCエレは時にはいくつかの電源マットを渡り歩かなくてはならない。どうしてこのような設定にするかといえば、それが自然環境に近いからだ。つまり餌の量は普通限られているし、消費されればなくなっていくものだからである。

また実験室のいくつかの場所には、異常な高温のマットがある。充電機能はなく、やたら熱いだけだ。それによりロボットのプラスチックの部品が溶けてしまうので、そこは回避しなくてはならない。まあ、天敵というわけである。そしてより実際の自然環境に近づけるために、電源マットと高温マットは、時々場所を移動し、なかなか居場所を予測できないとしよう。Cエレロボットはセンサーでその位置をある程度把握できるが、常に位置を変える可能性のあるそれらを見張っている必要がある。うん、それらしくなってきた。そこでCエレロボットにもう一つの初期条件を与える。それはCエレは常に動き回るということだ。これはもうこのロボットの本来的な性質なのだ。常にクネクネ体を動かして、目的地もなく動き回る。そうしていないと我慢できない。こうなるとCエレはかなり実際の動物に似てくる。

つまりCエレの生き延びる条件は次のようになる。

1．電池切れにならないように、電源マットに時々帰っていくこと。

2．高温マットへの接触はできるだけ避けること。

さてCエレを、1、2の状況は同じで、しかしできるだけ自然な環境に近づけるとしたらどうだろうか？　すでに述べたように、両マットはかなり神出鬼没なところがある。電源マットはどこにあるか見えなかったりする。高温マットは突然現れたりする。だからCエレは電源マットまでたどり着けずに、道半ばで電池切れになって（つまり死んで）しまうかもしれず、それを避けるために、ある程度電池の残量が減れば、それだけ必死に電源マットを探すという条件を付けなくてはならない。また電池の残量が減って、電源マットに向かっている途中に、高温マットの姿が見えてきたとしたらどうだろう？　進むべきか、中止すべきか。結構複雑な状況になる。リスク（高温マット）とベネフィット（電源マット）が目的地にほぼ同量数あるとしたらどうするのだろう？　普通のロボットならここでフリーズすることになるが、Cエレには得意の「動き回る」基本的性質がある。一瞬後には条件が変わり、リスクとベネフィットの天秤はどちらかに傾き、フリーズ状態からは解放されるということになるだろう。

Cエレは結局報酬系を持つ運命にあるのか?

私がこれから示そうとしているのは、結局はCエレはそのプログラムとして報酬系に近いものを持つしかないだろう、ということだが、果たしてそこまで行き着くのか、あるいは頓挫するのか。とにかく続けよう。

実際の自然界になぞらえよう。電源マットは餌である。また高温マットは天敵と考えることができるだろう。そして高温マットにも温度がさまざまであり、比較的低温で、それに触れたCエレ君のプラスチックのボディが柔らかくなり、多少ゆがむ程度のものから、触れた瞬間にCエレ君のボディが溶け出すような危険な高温マットまで広く存在する。Cエレ君はまさに電源マットと高温マットのスープの中に存在する形になるのだ。おなかがすいたら（電池の残量が減ってきたら）センサーを働かせ始めて電源マットの位置を探し始める、とか途中でたまたま高温マットに出くわしたら、センサーが働いてそれを回避する、とか悠長なレベルではない。スープの中で常にこまめにセンサーを働かせ、電源マットから充電をして、同時に高温マットを避ける。充電するか、避けるか、選択するか、拒絶するかという決断は各瞬間に下さなくてはならない。そしてそこでは電源マットの有する電池の残量と、高温マットの「危険性」とを常に天秤にかける必要が生じる。それが生存に直結するように両者のバランスを常に査定するのだ。たとえば電源マットが少し遠方にあり、そこに行きたいのだが、途中に高温マットが潜んでいる可能性があり、うっかりしているとヤラれてしまうとか。そしてここで重要なのは予兆であり、予期である。

実はCエレ君の生存はこの予期の正確さにすべてがかかっているということがわかる。ある瞬間に、どのような電源マットの存在を把握し、同時に高温マットの存在も感知し、どう進んでいくか。多数の競争相手がいることが、この予兆の正確さをさらに要求する。いい電源マットは、そこにたどり着くまでに他のCエレ君に取られてしまう。「後出し」条件だが、実はCエレ君にはたくさんの兄弟やライバルがいて、そこらへんを動き回っているのだ。さらに言えばCエレ君、実は彼自身が電源マットの役割を果たす。つまりライバルたちはCエレを飲み込んで、具体的には彼の充電池に覆いかぶさって、電磁誘導で充電もできるのである（つまり捕食する、ということだ）。

すると結局こんなことが起きる。Cエレ君は今現在の環境で、最善の予期を行う。つまりあらゆる電源マットや高温マットの存在の予兆を察知し、そのいわば「力価」を査定し、行動を決める。力価の査定とはつまり、電源マットがどの程度遠くにあり、到達するまでにどの程度の時間がかかり、どの程度そこに電源が残っているかを瞬時に判断することであり、高温マットについても同様のことをすることだ。もしこの力価の査定が誤っているならば、それだけCエレの生存率は低くなる。たとえばすごく美味しそうな電源マットを遠くに見つけてそこに向かって進みだしても、途中で出会う小ぶりの超高温マットに一撃を食らって力尽きてしまうとか。結局はCエレの生存は、電源マットと高温マットの両者の力価の積分値の比較ということにかかっているが、その査定を巧くできないと、他のライバルCエレの生存を許し、その分自分の生存の可能性は遠のくのだ。

「サバイバル装置」について

さてここまでの思考実験で、Cエレが生き残るためには、極めて巧妙な装置を備えていなければならないことがわかる。というよりはこの装置がより優れた機能を発揮するほど、生き残る確率が高くなる。その機能とは、瞬時に、より正確に、将来得られる充電の量と、将来高温マットからこうむるであろうダメージを査定し、それを計算に入れたうえで最も合理的な行動を選択できる能力である。これをサバイバル装置、ないしはサバイバルシステム、と取りあえず呼んでおくことにしよう。

このCエレ君のサバイバル装置は、いくつかの重要な機能を持つことになる。それは危うく体を溶かされそうになった時に高温マットの特徴を覚え、その接近を感知したとたんにそこから遠ざかる能力（まるで扁桃核だ！）。それとおいしい電源マットに出会った時に、その特徴を覚えておいて、それを再び見つけたら尻尾を振って近づく能力（これも扁桃核、そして海馬も関係するだろう）。ということはつまり、Cエレはある種の記憶装置を必要としているということだ。これは彼の生存の可能性を一気に高めることになる。たとえば高温マットは赤などの暖色系の色をしていることが多い、と仮定しよう。電源マットは青などの寒色系にしようか。するとCエレは遠くにそれを察知した時に、体内のアラームを鳴らして反応する。赤い色を見たら、方向転換して遠ざかる。青い色を見たら、そこに向かって尻尾を振って近づく。

ここでこれまでの話をまとめよう。Cエレのサバイバルシステムは次の条件を満たさなくてはならない。それらの条件とは、先ほどの二条件を少し書き換えたものである。

1. 電源マットを感知したら、そのプラスの力価を査定し、それに向かうこと。
2. 高温マットを感知したら、そのマイナスの力価を査定し、それを回避すること。

この1、2に従って行動を決めることになるが、これらの機能を発揮する際に記憶の機能も極めて重要ということになる。電源マットを見出して、その遠さ、そこに蓄電されている量を予測し、それを獲得することがどれほど利得を与えてくれるかを査定するためには、過去の体験が大きな要素を占める。どんなに魅力的な電源マットでも、はるか遠くにあり、そこに至るまでにCエレ自身の電池を使い果たしてしまったら意味がない。さらにはその途中にコワい高温マットが潜んでいるとしたら、たちまち焼かれてしまって元も子もない。これらを勘案して最終行動（つまりどちらの方向に推進するか、怖い高温マットから退却するか。どれだけの速さで？　どれだけの時間？　等）が決定される。ここではいずれも過去の二種類のマットとの遭遇により生じたことの記憶が大きな意味を持つ。もちろんCエレ君のチップに最初から、「赤からは逃げよ、青には近づけ」と書き込まれていると非常に助かる。いわばCエレの遺伝子情報である。しかし自然界にはその両方に明確に分類できないようなマットが至る所にあるもので、ある種の記憶の蓄積は必須と言えるだろう。

こうなってくると、このサバイバル装置には実に複雑なプログラムが書き込まれたチップが必要となるようだ。というよりはそれを備えているCエレの個体が生き残るのだ（そしてこのサバイバル装置こそが、事実上「報酬系」なのである……おっと、これを言うのはまだ早いか）。

しかし実際はこれらのプログラムが書き込まれることはないし、その必要もない。要するに深層構造を持ったニューラルネットワークがあればいいだけの話だ。つまり結合の強度が可変的なネットワークの存在である。一方にインプットがあり、他方にアウトプットがある。あるいはその情報の流れは両方向性だ。最近ニューラルネットワークは新たな脚光を浴びている。

ニューラルネットワークの起源は一九六〇年代にさかのぼるが、一時脚光を浴びていたものの、爆発的な進化を遂げていたわけではなかった。しかし最近グーグルの「アルファー碁」が、プロ棋士たちを相手に圧倒的に勝利することで、その威力を一般人にも見せつけている。実は技術者たちは深層構造に囲碁のルールを教え込んだわけではなかった。対戦をいくつも経験させてネットワークの結合の度合い（パラメータ）が変化していった結果、あれだけ強くなったのである。インプットとして猫の写真をたくさん読み込ませてアウトプットを「猫である」とし、また猫以外の写真をどっさりインプットして、「猫ではない」というアウトプットを指定すると、そのうち猫を見分けるようになるというが、それをまさに囲碁でやるわけである。

Cエレ君はコンピューターに比べて用いるネットワークは少ない。だからとても囲碁をプロ並みに打てるようにはならない。でも過去の電源マットとのおいしい体験、高温マットとの遭遇による痛い体験を多少ではあれ「記憶」する力はある。そしてある瞬間にCエレ君は周囲を見渡して、検知する複数のマットからの「力価」を把握し、比較することができるようになるのだ。

少し具体的な状況を考えてみよう。Ｃエレは、五メートル先に紺色の小ぶりの電源マットを発見する。「おいしそう！」という2プラスの力価がはじき出されるとしよう。実は最近までこの紺色のマットは1プラスの査定であったが、先日「食べた」ところ、意外にエネルギーが豊富で、紺色とは「適度な熟れ具合」を示していることが分かった。だからこれを発見した時はいつにもまして強く尾を振ってそちらに近付こうとした。しかしＣエレは同時に右前方に、こちらにゆっくり進んでくる淡いピンクの高温マットを発見したのだ。これにも遭遇したことがある。ピンクだから少し熱いくらいで多少のダメージを被るに過ぎなかった。１マイナスくらいか。ということは、紺色の電源マットに向かうという行動の持つ力価は合計で1プラスなのでＣエレ君は紺色のマットに向かって前進を開始するのだ。その時Ｃエレのチップの中身を覗くと、紺色のマットを過去に捕まえ、おいしくいただいた時に、紺色に反応するネットワークのパラメータの目盛りが一つ上がっていることがわかる。このために紺色のマットに対してより良い力価が与えられるようになっていたのだ。

さてこの思考実験は、サバイバル装置の持つ一つの重要な性質を示唆している。紺色マットに意外と多くの電気が蓄電されていた時の「おいしい！」という過去の体験が紺色マットに反応する一群のネットワークのパラメータの目盛りを上げていた。そのことが今回遠くから同じような紺色マットを検出した時の力価に対応している。過去の報酬の大きさが現在の報酬の予知に対応しているのだ。Ｃエレは過去の紺色マットを検出した時の体験（その時査定した力価を1プラスとしよう）から変化を起こしている。同じような紺色マットを検出すると「2プラス」と査定するようになるという変化だ。

それは紛れもなく紺色マットを実際に「おいしくいただいた」という体験に基づく。そのときCエレ君はショックを受けたはずだ。「あれ、1プラスと思っていたのに、もっとおいしい！」ここでパラメータの目盛りが上がっているわけだ。うまくできている！

「サバイバル装置＋感情」は事実上報酬系である

さてここまでCエレのチップの中身は分かったが、まったく置き去りにしているのが、Cエレ君の感情の問題である。たとえばCエレ君が紺色マットに遭遇して、大量の電気を貪っている時、どこかに喜びや快を感じる必要はあるのだろうか？　あるいは高温マットに焼かれるときの痛みはどうだろう？　そして高い力価を持った電源マットを視野の中に感知した時の「やった！」感は？　近くに恐ろしげな高温マットを感知した時の背中のゾクゾク感は？　Cエレ君がそれらの感情を持つ必然性はあるのであろうか？　これは報酬系について探求を行っている私たちにとって極めて本質的な問題なのだ。

ここで電源マットに遭遇した瞬間にCエレのチップ内で起きることをもう一度見てみよう。そのマットが意外に蓄電量が多く、Cエレ君はコーフンする。先ほどその存在に気が付いたときに査定したら力価2プラスだった。すると彼はその力価に似合った力強い尻尾のひと振りにより、そちらに推進を開始するだろう。つまりプラスの力価の査定とは、結局「尻尾の一振りを引き起こすような体験」と単純化できないだろうか？　そして電源マットに到着し、その電力をむさぼっている最中なら尻尾は振られてはならない。今は大事な時間だし、その場を動くわけにはいかないからだ。これは第3章の動的快、静的快と極めて似た体験と考えられるだろう。

こんどは不快のことを考えよう。今高温マットに焼かれているかわいそうなCエレを想像してみる。彼は尻尾の反対方向への一振りを、今起こさなくてはならない。このまま留まっていると、焼き殺されてしまう。もしその高温マットを遠くから察知していた場合は、力価3マイナスくらいを検出してやはり反対方向に力強いひと振りが生じるはずだ。すると電源を貪っている瞬間と焼かれている瞬間で、Cエレのふるまいに決定的な違いがあることがわかる。前者の場合はそこにそのまま留まり、後者の場合は逃げるのみである。

結論から言おう。Cエレの行動は電源を察知した時にはそこへ向かうという運動をし、そこへの到達（そちらに向かっての尻尾のひと振り）を促される。そしてそれに到達したらそこを動かずに電源をむさぼる。またCエレは高温源を察知したり、遭遇したらそこから逃げたりする。この動きはまさに、報酬勾配におかれたCエレガンスや私たちの動きと同じなのだ。その時Cエレガンスは快感や苦痛を体験しているかって？　それは知りようがない。快、苦痛は主観的体験であり、その実体はない。幻のようなものだ。おかしいだろうか？　この痛みや心地よさが幻だなんて。しかしこれは要するにクオリア問題なので、結論が出せないことはもうわかっている（というかクオリア論争には容易に結論が出せないことを皆が知っている）。快、苦痛とは実はそういうものである。「夕日の赤い色」の、あの「赤い」体験が主観的なものであるのと同じなのだ。ただ一つ言えることは、Cエレをさらに自然に近づけること、すなわちエネルギーを電力ではなく、カロリーに置き換え、実験室の代わりに自然環境に置き換え、そこで多彩なCエレ、その兄弟たちを想定し、そこで生き残るための行動を想定したら……。Cエレは Cエレガンスになるしかない。

Cエレは快、不快を感じているかと問われれば、私は「わからない」と答えるであろう。実際に主観の世界は確かめようがないのだ。しかしもちろん私なりの仮説はある。自然界の複雑さを加味していった場合、CエレはCエレガンスに近づき、さらに複雑さを増すと、やがては爬虫類、哺乳類に近づいていくであろうという仮説だ。しかしどれほど複雑になっても残っていくのが、サバイバル装置の基本的な性質である。それは未来におけるプラスとマイナスの力価の査定である。この存在は決してなくならないのは、そもそもこの力価をサバイバルにとって促進的なのか、阻害的なのかによって規定されるものとして定義しているからだ。そしてそれは本書で扱う報酬系と事実上同等な物と考えると一番合理的なのである。サバイバル装置は生存に直接かかわるものであり、また報酬系も、それが特殊な薬物などによりハイジャックされるのでなければ、その個体の生存にとって必須となる。

しかしサバイバル装置と実際の報酬系で、その動作に差があるとすれば、それは大部分が本章で想定した自然環境がまだまだ単純化されたものであるからであろう。

実際の自然環境はどうか？　まず電源マット、すなわち報酬源が動き回る。そしてその報酬源自体がCエレの兄弟、あるいは別の生命体（Dエレ？　Eエレ？）であることが多い。そして高温マットもまた動く。それもまた別の生命体であることが多い。すなわち電源マット、高温マットは結局は別の固定された（植物）、ないしは動き回る（動物）生命体である場合が多い。その結果として予測や記憶はさらに決定的な要素となる。

このモデルは、また目を覆うべき単純化をしていることになる。つまり繁殖を省略しているのだ。生命体の変化、複雑化に、実は生殖は絶対的に重要な意味を持つ。生存より、子孫を残して死ぬ方が意味があったりする。繁殖は、種全体としての生存、と言い換えてもいい。報酬系は実はその種の保存のために特定の個体を死滅の方向に誘うこともありうるのだ。

第5章　報酬系——遂行を促す脳内システム

パンクセップの「探索システム」

報酬系とは一体何か？　生物の進化の途上のどこで出来上がって、どのように進化に貢献してきたのであろうか？　本書はその問題と格闘しつつ論を進めているところがある。前章では思考実験をして、Cエレ君が生き延びるためには報酬系に似た装置を備えていなくてはならないことを示した。

ここで神経心理学の立場から、報酬系の在り方について一つの答えを提案しているのが、最近亡くなったヤーク・パンクセップという脳科学者である。彼は「探索システム seeking system」という概念を提唱した。彼の説を紹介するのが本章の目的である。以下は『ニューロサイコアナリシスへの招待』（岸本寛史編著、誠信書房、二〇一五年）という著書を参考にして論じよう。

パンクセップは、人間の脳には「探索システム」というものが備わっているという。それは最も基本的な情動指令システムであり、探求する対象には、あらゆるものが含まれるという。そしてこの

「探索システム」は、従来は「報酬系」と呼ばれたものだとする。そう、パンクセップによれば、探求するシステムこそ、報酬と深く関連している、というよりは報酬と探求ということは同義だと考えられているのである。彼にとって報酬系は特定の対象を持たず、ただその満足を追い求めるシステムなのだ。前章では生存を目的とした装置が結局は報酬系と同一のものを必要とすることを示した。しかしパンクセップの立場はこれとは異なる。

パンクセップは探索を促すシステムの具体的な神経回路を示すならば、それはとりもなおさず報酬系の場所であるという。探索システムの所在部位は中脳の腹側被蓋野（ＶＴＡ）から前頭葉へと投射される中脳皮質系と、ＶＴＡから側坐核へと投射するドーパミン作動神経……やはり報酬系と一致するのだ。

ヤーク・パンクセップは言う。この探索システムにより、動物は世界を探索し、求めているものを見つけると興奮する。それらは食物であり、水であり、温かさであり、最終的にはセックスの相手である。そしてこの探索システムは下等動物、たとえばアメフラシなどにも存在するという。アメフラシは水の中で負の走光性を示し、暗い方に向かおうとする。これも探索だ。パンクセップの概念の面白いところは、この快ということと、世界を探索し、自分の居場所を探すということを、事実上同じものだと考えているところである。

パンクセップは報酬系の刺激を求めてレバーを押すラットも、報酬系と神経回路が一部重複するＯＣＤ（強迫性障害）の病理も、同様に探索システムの見地から説明できるという。ただしＯＣＤの場合は、探索が上手く行かずに、ある種のループに嵌り、肝心の快感が消失していることが特徴であるという。

ちなみに報酬系と強迫との関連については、セーラ‐ニーナ・コッホ Sarah-Neena Koch という学者が示唆的な提案をしている。彼女によれば、報酬系の刺激に関する行動と、強迫行動としての自己刺激（自分を繰り返し傷つけるなどの行為）はとても似ているということだ。少なくとも脳に刺激を与えるべくレバーを叩き続けるネズミの場合はそうだという。自己刺激をしているネズミは、快感を得ているというよりは、追い立てられた状態に近い。何かに夢中になり、駆り立てられるが、それ自身は心地よくなく、ただただ上り詰めていく状態。しかしドーパミンがここにも関係しているという。ネズミを使って強制的に泳がせるという実験があるが、そのような時もやはりドーパミンが大量に放出されている。これも一種の探索が起きている状態である。

パンクセップの説は、快とドーパミンとの関係について重要な情報を提供している。彼女によれば、ドーパミンは快そのものというよりは、それを得るための探索に関係していることになる。ドーパミンは探索のプロセスの中でも特に「そそる状態 appetitive state」に関係しているが、「ガツガツ貪り状態 consummatory state」には関係していないということだ。探索は、「あ、あそこに餌があった。やった！」に関係はしていても、その餌にありついて貪り食っている時にはもう低下しているのだ。さらにパンクセップはもう一つ重要な指摘を行っている。それは探索システムはまた、嫌悪の回避にも関係しているということだ。つまり生命体は不快を避けようとさまよっている（これも一種の探索なのだ）時にも、ドーパミンが活発に活動しているというのだ。ドーパミンと快との関係、どうやら一筋縄ではいかないようである。

遂行システム

以上述べた探索システムは、私たちが第3章で考察した「報酬勾配」という概念と深い関連がある。探索システムとは、そこに報酬勾配を見出し、あるいは作り上げるシステムということができるだろう。そしてこれはごく原始的な生命体にも見られるものと考えることができる。ただし実際の私たちの生活で、報酬勾配が私たちの行動を裏付けることはさほど多くないかもしれない。たとえば川をさかのぼる魚にとってのある物質の濃度勾配や、光に向かって飛ぶ虫にとっての光子の量の勾配などの物理的な条件に従って私たちが動かされることは決して多くないだろう。炎天下を歩き続けて渇きに苦しんだ人が、一〇〇メートル先の清涼飲料水の自動販売機を目指す時、一歩ごとにのどが少しずつ潤っていく、ということは起きようがない。

しかし結論から言えば、ここにも仮想的な報酬勾配があるのだ。生命体にとっては、将来現実に体験するであろう快の総量を想定し、その達成に向かって進んでいく行動それ自体が快なのである。あたかも想像上の快の水路づけがなされるかのように。もう少し具体的に見てみよう。

あなたは太陽のギラギラ照りつける街を歩き通しで、のどの渇きも耐え難いレベルになっている。水分補給するあてもなくここまできたが、ようやく百メートルほど先に自動販売機を発見した。手持ちの金は十分にある。「やった！」とあなたは歓喜する。そしておそらくその時点で、実際に体験する快の全量を大まかに査定するだろう。あなたは自動販売機でたいていは買えるであろうペットボトル入りの冷たいお茶やミネラルウォーターを想像し、それが今ののどの渇きを十分にいやしてくれることを想像する。その快の量をたとえば一〇単位としよう。次にあなたは、それを確実に獲得するためにしなくてはならないことは何かを考える。自販機に行き着くまでは百メートルほど歩く必要がある。幸いそのくらいの体力は残っている。またその距離を歩く際に特別に危険とか労苦を覚悟しなくてもよさそうだ。平和な日本の町角で、突然トラに襲われることなどない。とすれば十メートル歩けば、水を10％確実に手中にしたと考えてもいいだろう。その次の十メートルをクリアーすれば20％分、ということになる。こうしてあなたは歩けば歩くほど渇きを癒すことができる可能性を確実なものにしていくことを感じ、それに夢中になる。これこそ想像上の報酬勾配といえないであろうか。あるいはおそらくこのようなバーチャルな報酬勾配を作り上げる能力のある個体が、首尾よく目標を達成することができ、それだけ生存率が高くなったと考えることにはなんら無理はないだろう。

このことはもちろん、人間だけに当てはまるわけではない。こんな例を考えてみる。アフリカのサバンナで、ライオンの集団が、バッファローを狙う。水辺にたむろするバッファローの群れから一頭だけ離れた、まだ子どものバッファローに雌ライオンたちは狙いを定め、ジワッと取り囲む。そして茂みに隠れながらジリジリと間合いをつめ、とびかかるチャンスをうかがう。リーダー格の一頭のライオンが突然飛び出して子どものバッファローに襲い掛かり、背中に飛び乗る。他のライオンたちがそれに続く。最後にバッファローは倒れ込み、哀れ彼女たちの餌食となる。

この例において雌ライオンたちの頭にも、おそらくペットボトルを求めて歩みを続ける私たちと同様のことが起きている。美味しそうなバッファローの子ども。それを目にした時点ですでに彼女たちの頭の中では、みずからの牙がその柔らかそうな腹を食いちぎって肉をむさぼっているはずだ。しかしそこに到達するためには遂行しなくてはならないことがあることも知っている。そして一連の、統制のとれた行動を起こす。その一つ一つのプロセスに彼女たちは興奮し、スリルを味わっていることだろう。

ここで私は「遂行システム execution system」という概念を提案する。パンクセップの探索システムを拡張したものである。私たち人間は（高等な哺乳類も入るだろうが）ある種の行動の遂行を、それが最終的に約束してくれるであろう快を含めた一続きの行動として行うよう運命付けられる。のどの渇きを耐えて歩いてきた人が一本のミネラルウォーターを差し出されると、「やった！」とドーパミンの神経細胞が発火する。脳はその全量を大まかに査定すると同時に、それを確実に得るために行わなくてはならないプロセスを算出する。すると今度はそれを獲得するための行動それ自体が、そのプロセスも含めて報酬につながる。そして報酬系はその完遂を見届けるようなシステムを備えているはずだ。あるいは言い直そう。そのようなシステムを身に着けた生命体こそが、生き延びることができたのである。

もちろん遂行システムを備えた生命体は限られているであろう。たとえばシャチは集団で流氷上のアザラシを襲う。共同で波を起こし、アザラシを流氷の上から引きずりおろすのだ。そのような手の込んだ真似は、サメにはムリであろう。しかしサメは単独で深いところに潜んで、海面近くの魚を待ち伏せして襲う。その程度の遂行は可能なのだ。より複雑な行動を遂行するためには、それだけ複雑な遂行システムが必要となろう。

遂行システムにおける「慣性の法則」

遂行システムにおいては、いったん始まった行為は（ほかのどのような行為にも優先して）完結するという原則が存在することは間違いなさそうである。ある本を読みだす、ある行為を始める、するとそれが止まらない、という現象がある。なぜだろうか。なぜ遂行システムは、それを首尾よく終わらせることに貢献してくれるのだろうか？　答えはネットワークの励起（興奮）にある。そもそもネットワークは、それ全体が励起するためにエネルギーを要する。いったん温まったネットワークは、その興奮、それ自身が快楽となる可能性がある。つまり、ネットワークが立ち上がるまでは大変だが、いったん興奮すると、そこにいわば慣性の法則が働くようにして、一気に最後まで行き着く可能性がある。

私は最近浦沢直樹の漫画『Monster』を読む機会があったが、明らかに一冊を読んでいると次の巻も読みたくなる（全部で18巻ある。今9巻目の初めの部分を読んでいる）。同じ9巻目の35ページでも、続けて読むときと、たとえばしばらくぶりに読み直そうとするときでは、気持ちが大きく異なる。なぜだろうか？　それは読むことで物語全体の登場人物やストーリーの流れのネットワークが興奮して、その全体が新たなストーリーの展開を次々と欲するからである。慣性が生まれているのだ。しかししばらくぶりに読み直し、全体の流れを忘れかけていて、ネットワークの一部しか興奮していないと、そのストーリー展開により得られる興奮の一部しか感じられないだろう。同様の現象は、音楽をある。

聴いていても、絵画を見ていても、すべて起きることだ。これはネットワークの興奮という初期投資を行うことで初めて可能なのである。そしてこの事情が遂行システムの機能に深く関係しているのである。

報酬勾配や探索システム、遂行システムの問題は、私たちの持つこだわり、ルーチンを守る傾向と深く関係している。それはまたアスペルガー障害などでは特に顕著であろうし、もちろん強迫性障害などにおいても顕著に見られる。しかしとりあえず健康な生活を送っている私たちも、程度の差はあってもこの反復の傾向を持つ。皆お気に入りのワインがあり、行きつけの店があり、病み付きになっているスナック菓子があり、何度も聞いているＣＤがあるだろう。

なぜ私たちは同じことを反復するのか？　私は問題は反復というよりは「常同性」であると考える。いつも同じことを行うと、結果として反復になるのだ。だから反復強迫という言葉があるが、むしろ「常同強迫」なのだ。私も同じような傾向があるから良く分かるが、同じことをするのは心地よく、安心感を与えることが多い。

ただし全くの反復は面白くない。少しバリエーションがなくてはならない。そしてこのバリエーションは、こちらから意図しなくても、向こうから与えられるというところがある。同じ曲を聞いても、毎回聞こえ方が違うかもしれない。毎日同じ道を通勤しても、雨が降る日も風が吹く日もある。ルーチンをこなすこととは、そのようなほうっておいても襲ってくる変化から身を守るための手段、平衡状態を作るための手段という気もする。そう、常同性の追求は実は奥が深いのだ。

大リーガーのイチロー選手などはこの文脈でよく引き合いに出される。なぜ毎日決まった時間に球場に現れて同じ練習のメニューをこなすのか。おそらくそれを行うことへの快があるのであろう。脳のネットワークを容易に想像することができる。脳の中に、たとえば広大なネットワークがある。イチロー選手は、車で球場に向かうあたりから、もうある種のスイッチが入ってしまい、あるパターンに入り込み、そのあとはほとんどオートマチックであるというようなことを、テレビのドキュメンタリーで語っていた。まさに水路を伝って水が流れるがごとく、回路が興奮を続けていく。このルーチンをこなすからこそ、彼はその練習を積み上げることができ、冒険をしない分だけ怪我も少なく、現役を何年も続けることができるのだろう。そのネットワークは刺激を受けて興奮することをいわば待っている状態であり、途中で止めることなど容易にはできない。イチロー選手なども、彼の野球用具に誰かが間違って触れたりすると、それが分かるという。目や手がすごく敏感なセンサーのようになっていて、用具が少しでもいつもと異なるところに置かれていることに耐えられないのであろう。

それにしても習慣とは不思議である。私はアメリカ生活が長くて、コカコーラを好んで飲むが、数カ月のあいだ、頻回に飲む時期が続いた後、見向きもしなくなるということが起きる（もちろんペプシに移るというような話ではない。コーラの類を飲む気がまったくうせるという意味である）。そして二、三年してまたコーラに戻るということを繰り返す。全く意味が分からないのだ。しかしこれも一種の平衡状態の維持と考えることができるかもしれない。同じ植物や獲物を食べ続けることには弊害があるということだろうか。環境自体が大きく変化をしない限り、ある場所で取れる獲物には限りがあるだろう。当分はそれを食べている限り安全だろうし、目新しくて毒を含む可能性のある獲物に目移りをするような個体はそれだけ身を危険にさらすことになる。しかし同じものにこだわることで、その獲物や植物を取り尽くして資源の枯渇を招くことも避けなくてはならない。あるいはその獲物が少量持っていた毒物が蓄積されてしまうかもしれない。結局生命体は生き延びるために摂取する獲物に対して、同様の物にこだわる傾向を持ちつつ、ときどき別のものに目移りするという、常同性と変化への希求の共存を併せ持つものなのであろう。

第6章　神経ネットワークの快楽

本章は前章の続きと考えていただきたい。

神経ネットワークの興奮は、基本的に快である

Cエレガンスの話に戻ろう。彼には三〇二個のニューロンがあり、それぞれの配置やネットワークの在り方が最初から決まっている。これではその興奮のパターンがあまりにも決まりきっていてバラエティに乏しい。しかし人間の脳には神経細胞が一〇〇〇億個ある。その八割は小脳コンピューターのチップになっているわけだが、二割（それでも二〇〇億個！）は大脳半球のネットワークに何らかの形で携わっている。

中学生のころ、私はバッハの「G線上のアリア」を初めて聴いていた。出だしはなんとE音（ミ）が単音で四小節も続くという異色の始まり方で、そのあと荘厳なメロディーが展開していく。レコード（そのころはCDなどなかった）で何度か聞いているうちに、そのメロディーは私の頭の中を何度

も勝手に回り始めた。歩いていても、授業を聞いていても、まさに「壊れたレコード」状態である。もちろん実際にレコードを聴いて楽しむことはできる。しかし頭の中で回っているメロディーを堪能することもできた。というよりはそれが快感だからこそ、何度も頭の中を回るメロディーに特に煩わされることもなかったのであろう。また教室での授業や読書の最中にそれに特に悩まされることはなかった。他に集中する場合には、それは自然に止まるのである。その意味では私はかなり意図的に頭の中の「G線上のアリア」を「転がす」「もてあそぶ」と言ったニュアンスがあった。

「G線上のアリア」を頭で転がす、とはどういうことだろうか。「G線上のアリア」は、少なくとも記憶の形で大脳皮質のどこかに定着しているだろう。それは非常に単純化すれば、神経ネットワークである。つまりいくつかの（おそらくは膨大な）神経細胞の間に成立している結びつき、より正確に言えばそれらの間の抵抗が低いことで、電気的な信号が流れやすくなっている状態、ということになる。そしてそれは時間的な神経ネットワークでもある。つまりそのネットワークの中で興奮する神経細胞が、時間の経過とともに移り変わっていくということだ。ちょうど山火事の火がじりじりと燃え移っている感じだ。

私の頭の中の「G線上のアリア」の実体部分が神経ネットワークだとしたら、どうしてその興奮が快楽的なのだろうか？　それは分からない。その曲のメロディーは知っているが、ちっとも心地よくない、という人もいるだろう。だからその神経ネットワークの興奮それ自身が快楽的である保証はない。理由はわからないが、その興奮が報酬系を刺激し、快楽を感じさせる、と考えるしかない。だからそれが耐え難いほどの苦痛を呼び起こす、という人がいてもおかしくない。特にそのメロディーが何らかのトラウマに関係している場合には、そういうこともあるだろう。
さて現在の私にとっての「G線上のアリア」はどうか？　初めて聞いてから半世紀近く経っている。私はもちろん頭の中で再び「G線上のアリア」を流してみることができる。おそらく当時とほぼ同じような音が頭の中に流れる。しかし「美しい調べだな」という感覚はあっても、当時感じたような感動は特に覚えない。

私はここで「G線上のアリア」という曲のすばらしさを訴えようとしているわけではない。美しい調べならこの世には他にいくらでも存在するだろう。サンサーンスの「白鳥」のほうが百倍も美しく感じる、という人もいるかもしれない。

時間と共に展開するネットワークについては、漫画や小説なども好例である。たいがい、ストーリーは主人公の関係する興味深い逸話の描写から始まり、徐々に展開されてさまざまな登場人物が現れてくる。それが理解され、把握されるにつれてそれに対応するネットワークが脳内に形成され、それが徐々に展開、変化していく。その一部、あるいは全体が興奮することは基本的には快楽的な体験となる。

神経ネットワークの興奮は「わかっている」という感覚を生む

ここで「神経ネットワーク」という言葉を私が用いている理由についてもう少し説明しよう。小説や漫画のあらすじの例を考える。
先ほども書いたとおり私は今浦沢直樹の『Monster』という長い漫画を読んでいるが、いま目を閉じればそのストーリーの大体の流れを思い浮かべることができる。それが一つのネットワークからなるということは、その漫画に関する部分的な質問を受けた場合に、そのネットワーク全体が興奮することで、それに即答できる準備があるということだ。それがそのストーリーを「わかっている」ということである。そのネットワークはいかようにも、好きなところを自在に興奮させることができるから、そのストーリーの初めの部分も終わりの部分も、自由に思い出すことができる。しかしおそらくその興奮には順番があるため、少し流してみて、個々の小さなエピソードのつながり具合を確認する必要があるだろう。それはたとえば「G線上のアリア」の曲の細部のメロディーの展開を思い出すことと同じなのである。その曲の始まりはすぐに思い出せても、終わり方を尋ねられたときには、頭の中でそのネットワークの興奮を「早送り」し、メロディーを引き出すものだ。そのようなことも可能にするような神経ネットワークが存在していることが、この曲を良く知っているという感覚を生むのである。

もうひとつ簡単な例を示す。「三角形の三つの内角の和は一八〇度である。」

小学校で習う、「三角形の内角の和の定理」である。このことを「わかっている」、理解している、とは脳内にそれに対応する神経ネットワークが形成されていることである。するとたとえば「ということは一つの角が六〇度の場合は、残りの二つの内角は合わせて一二〇度ということか？」と問われれば、すぐに「そういうことになります。一八〇マイナス六〇は一二〇ですからね」と答えられるだろう。そしてさらに「ということは一つの角が五九度の場合は、残りの二つの内角は一二一度ということか？」と聞かれれば、少し怪訝そうな顔で、「え？　そんなこと当たり前でしょ？　冗談でも言っているんですか?」という答えとなる。いちいち初めから計算することをしないのは、神経ネットワークを軽く興奮させるだけで明白な答えが用意できるからだ。

ところが「球面に書いた三角形にも当てはまるのですか?」と問われた場合には、あなたのこの定理に関する神経ネットワークの質、ないしは大きさがさらに問われることになる。「え?　ちょっと待ってくださいよ。多分当てはまりません。この定理は平面上での話です。でも自信はありません……」という答えはおそらく普通のレベルの回答であろう。しかし幾何学全般への深い理解をもつ人は、それに対応する巨大な神経ネットワークを備えており、そちらのネットワークを軽く興奮させて、たとえば次のように即答するであろう。

「内角の和の定理は二次元ユークリッド空間での定理ということになっていますよ。球面では当てはまりませんね。」

このように「わかる」を支えるネットワークにはその大きさや精緻度のレベルに大きな差があるのである。

ネットワークと快感ということから少し話が逸れかけているが、要するに私たちはこの種の神経ネットワークが形成されることに、基本的には心地よさを感じるのである。「数学は苦手、苦痛!　嫌い!」と言う子どもたちは、分からないから、つまり数学の神経ネットワークをうまく形成できないからこそ苦痛なのである。そのために改めて内角の和の定理を理解しなおし、容易に興奮してくれない神経ネットワークに一生懸命意識を集中させるという心の労働を行わなくてはならない。これが苦痛なのである。

よく「鳴る」ネットワークは気持ちがいい

この「内角の和の定理」の神経ネットワークを考えればわかるとおり、神経ネットワークの形成は、通常は骨の折れる体験である。通常は、といったのは、場合によっては、それはごく自然に生じ、そこには労苦の感覚を伴わないばかりか、それ自身が喜びにつながる可能性すらあるからだ。たとえば「G線上のアリア」なら、私は夢中になって聞いているうちにメロディーが脳に焼き付いた。しかしまったくこの曲に興味のない人、ないしは音楽的才能に乏しい人にとっては「この曲のメロディーを覚えなさい」といわれても、ただ億劫だと感じるだろう。

「内角の和の定理」についても同じである。数学の才能のある人にとっては、言われて直感的にその全貌を把握できるかもしれない。その一種の美しさや整合性に胸を打たれているうちに、いつの間にか精緻な神経ネットワークが形成される可能性がある。そのネットワークを頭で転がすことには快感が伴うだろう。それは見事に構成されて均整も取れ、興奮するとよく「鳴る」のである。ところが算数が特に苦手な子どもにとっては、おそらく長時間かかり、それも非常にプリミティブな形でしかそれを理解せず、そのネットワークも非常に不完全であり、よく「鳴ら」ないのだ。だからそのネットワークを扱うことは心地よくない。

このネットワークの形成の容易さと苦痛については、言語の獲得に勝る例はないだろう。恐らく物心つくまでにその素地が出来上がる母国語は、子どもにとっていかなる苦痛や労作も伴わないだろう。

むしろ子どもは嬉々として、あるいは自然に新しい言葉を覚えていく。当然そのネットワークはよく「鳴る」し、話をしていて快感であろう。ところが中学校になり、英語という外国語に語学として接した子どもの中には、ほぼ絶望的な体験を有する人がいる。あらゆる単語を覚えることに苦痛を感じ、少しも身につかないということがあるのだ。そして隙間だらけのネットワークはなかなか興奮せず、鳴りもしない。だから不完全な英語を操ることは少しも快感を伴わず、ただ苦痛なのである。しかし苦労して英語を身につけると、それを用いた会話や読書、映画鑑賞などはその完成度に応じて快楽の源泉にもなるのである。

神経ネットワークを形成することに一種の労働が伴う場合があると述べたが、ネットワークを再び興奮させること自体にもある程度の労作が伴うことがある。第5章で登場した浦沢直樹の『Monster』を取り上げよう。久しぶりに16巻くらいあたりから読み返そうとすると、登場人物のつながりを忘れかけている。「この人誰だっけ?」と以前の巻を読み返したりして、ようやく面白くなる、ということがある。一度興奮を止めた神経ネットワークは、それを再び想起し、興奮させない限りは少しずつ風化が起きる。それを修復する際は、ネットワークを最初に形成した時に類似した労作が伴うことがあるのだ。

神経ネットワークと快感、審美性

これまでに述べたことは、ひとことで言えば「脳の神経ネットワークは、その興奮それ自身が快感を生む傾向にある」ということだが、シンプルな提言のわりにこの意味は深い。メロディーそのものは時間と共に徐々にその興奮箇所が進行するような神経ネットワークを脳内基盤としていることになる。それがある種の形式を持ち、そこに審美性を感じさせるときにそれは緩やかな、あるいは場合によっては強烈な快感を呼び起こす。

その際この神経ネットワークの興奮が快感を伴うための条件がある。それはそれが適度の新奇性（novelty　すなわち目新しさ）と、適度の親密性（familiarity　それにどれだけ慣れているか）の両方を備えていることである。たとえば先ほどの「G線上のアリア」は、初めて聞いた時は新奇そのものであろう。しかし長くのばされたE音（ミ）の背後のコード進行についてはどこかで聞いたことがある。だから親密性も保証されている。そして何度かこの曲を聴いていくうちに、この曲に対する親密性が生まれる。そしてさらに何度も聞いていくうちに、当然ながら新奇性が失われて生き（つまり飽きてしまい）、親密さのみになり、快感は薄れてくる。

ただし「使い古した」「G線上のアリア」の神経ネットワークが、新たな新奇性を付加されたなら、また「新奇性＋親密性」の増大を生むことになる。たとえばバイオリン以外の楽器で演奏されたり、ジャズ風にアレンジされたりしたなら、また新奇性と親密性が適度に交わり、報酬系を興奮させるかもしれない。いわゆる「カバー曲」のコンセプトだ。

ところである神経ネットワークが快感とともに体験され、また別のものは不快として体験されることには、ある程度の一般性がある。つまりある人にとって心地よい曲は、別の人にも心地よい可能性が高くなる。だから流行が生まれるのだ。ではどのような神経ネットワークが、より多くの人の報酬系を刺激するのだろうか？　この問題は美学や認知心理学にもつながる問題だが、それが黄金比に従っていたり、対称性を含んでいたり等の条件を満たし、そこに加える新奇さの匙加減がかかわっているのであろう。

ネットワークの興奮の心地よさは生命体の生存に直結する

そもそもなぜネットワークの興奮が一般的に快感なのか。それは生命体（動物）がパンクセップの言うような「探索システム」であるからであり、心も体も本来は動き回る存在だからだ。探索システムとは要するに報酬系が刺激を受けるような対象や状況を常に求め続けるようなシステムである。じっとしていては報酬系が興奮をしないために、探索して刺激を求める必要がある。そして動き回り、知覚し、感じ取ることそのものを快感として体験しない限り、生存する可能性はそれだけ低くなる。すでに行った思考実験（第4章）でも、動き回ることは生存にとっての必須条件だったのである。

知覚刺激、運動刺激はそれら自身が生命体にとっての深層学習のプロセスである。深層学習とは、神経ネットワークを多層からなる構造と見なし、そこにさまざまな経験に伴う情報入力が繰り返されていくことで学習が自動的に進んでいくというプロセスである。

その見事な実例を乳幼児に見ることができる。正常な発達を遂げる乳幼児は、外界のあらゆる出来事に敏感に反応する。心に反応し、自然に反応し、音や言語に反応し、それに対応する神経細胞間の結合を形成し、ないしは剪定していく。それ自身がある程度の快適さを提供しない限り、生命体はそれこそじっと体を動かさず、目を閉じて外界からみずからを遮断しようとするだろう。特に外界のあらゆる情報を取り入れることが最大限に必要な乳児の場合、体を動かし、声を上げることそのものが快楽に直結しているとの印象を与える。

第7章　快の追求は倫理を超える

報酬系と倫理観

ある患者さん（四〇歳代女性）が言った。

「昔は夫はあれほど家庭を顧みない人ではなかったんです。でも株を始めてからは、いつもコンピューターの画面を見つめるばかりで、口をほとんどきいてくれません。」

聞けば夫は昔から株に興味があったが、それほどに入れ込むことはなかったという。普通に家庭生活を大事にし、夕食の後は子どもの宿題を手伝い、休日には家族で出かけたりしていた。ごく普通の、仕事（コンビニの店長）にも家庭にもそれなりに注意を向ける夫だった。しかし数年前に株で思いがけずマイナスが出てしまい、一〇〇〇万円程度の借金を背負ってしまった。それは何とか返せたのであるが、それ以降スイッチが入ってしまったようなのだ。徐々に周囲のことに関心を向けることがなくなり、コンビニの店長としての仕事を終えて帰宅した後は、コンピューターの株の動きを示す画面を見たままの状態になっていったという。その患者さんは、まるで夫が感情を持たないロボットのような存在になったと嘆く。ふつうの喜怒哀楽を持った人間ではなくなってしまった感じなのである。

別のある患者さんも夫が家庭を顧みないことを嘆く。

「夫は給料日の次の休日には、朝からパチンコに行き、閉店まで帰ってきません。そして戻ってきた時には、給料の大半がなくなっていることもありました。『お願いだからパチンコをやめて』、と言っても『うるさいな！　俺に指図をするな』と怒鳴るばかりです。負けて帰った時は特に不機嫌なんです。」

結婚した当初は働き者で思いやりのある優しい夫であったという。ところが数年前から「仕事が面白くない」と言い出して、パチンコ屋に出入りするようになる。休日は朝からパチンコ屋に通うようになり、子どもと過ごす時間もほとんどなくなってしまっているという。パチンコは夫の人格を変えてしまったのだろうか？

いわゆるギャンブル依存の状態にある人は、この二つの例に似た状態になることが知られている。常識的な行動ができなくなり、時にはその人の倫理観さえ怪しくなってくる。

帚木蓬生というペンネームでも知られる精神科医森山成彬《なりあき》先生はギャンブル依存の専門家でもある。『やめられない　ギャンブル地獄からの生還』（二〇一〇年、集英社）や『ギャンブル依存とたたかう』（新潮選書、二〇〇四年）などの著書で有名である。

先生の講演を聞いていて考えたことが本章の発想のもとにある。ギャンブル依存がきわまると、人が変わってしまう。上に述べた例がさらにひどくなってしまうのだ。一見何が正しく、何が間違っているのかがわからなくなり、人生で優先されるべきものがまず賭け事、というふうになってしまう。

そうなると家族の説教は全く耳に入らなくなる。本当にはまってしまうと、手元にお金がなければ、盗むことを考える。それまで倫理的だった人が、人の財布に手を出すまでになる。依存症はその人の倫理観を事実上骨抜きにしてしまうのである。

先生の講演で聞いた話はこうである。ギャンブル依存の夫を何とか話し合いの場に連れ込む。それこそ夫の両親も心配そうな顔をして、とにかく作ってしまった借金については何とか夫にかわって返済をすることになる。夫は一見神妙に「もう二度とパチンコには手を出しません」と言う。「しかし」と先生は言う。「彼はそのような深刻な話し合いのさなかでも、どうやってここを切り抜けて、またパチンコ屋に舞い戻ろうかということしか考えていない。」

まだギャンブル依存をよく知らなかった私は「まさか」と思った。説教をされている時くらいは真剣に反省するのではないだろうか？　もちろんその人のギャンブル依存の深刻さにもよるだろう。何度もやめようと試みる人の場合は、少なくとも真剣にやめることを考える時がある。しかし一定の限度を超えると、「やめよう」という決意はもう浮かばない。やめられないことはあまりに明白だからだ。まさに先生の本の題名通り（「やめられない」）のである。

しかしこれはたとえば自分が激しい痛みや不快を体験している時を考えれば納得ができるであろう。おそらく痛みを取るためならどんな行為もいとわないし、その行為の善悪は、その切迫の度合いによりいくらでも軽視されよう。おそらくその行為を裁くような倫理則などありえないはずだ。

帚木先生によれば、ギャンブル依存に陥った人は、財布にお金がなくなり、銀行はおろかサラ金も相手にしてくれないという状態になると、キャッシュを求めて盗みを働くということはザラにあるという。更衣室でたまたま同僚の所持品を見つける。中から現金を抜き取った際に思うことはおそらく「ああ、これで仕事の後にパチンコがやれる」なのである。それ以外の人間として普通に感じるはずの罪悪感は、後回しになってしまうのだ。

ここで私の仮説を述べたい。私たち個人が持つ倫理観は、報酬系を刺激する事柄を善、痛み刺激となる事柄を悪、とみなす傾向にあるのだ。

もちろん人の持つ善、悪という観念はその人の倫理観に基づき、その人が何を快、不快に思うかとは別のものである。この仮説はこのような考えになじんでいない人には奇妙に聞こえるかもしれない。しかしこのように考えないと、人の心はあまりに大きな矛盾を背負っているために壊れてしまうだろう。

もちろんギャンブル依存に陥った人は、「善悪が分からなくなっている」と考えることもできるであろう。というよりはむしろそちらの方が自然な考え方なのかもしれない。しかしより合理的な仮説は、その人にとっては、パチンコ屋で玉を弾くことが善、そのためには家庭を顧みないことも、お金を盗むことも正当化される、というふうに行動規範が改編されてしまっているというものである。

快を善とする心の成り立ち

人は本来、自分にとって心地よいこと、自分の報酬系が興奮してくれることは、絶対的に肯定するものである。自分はこれに生きるのだ、と思う。というか、感じる。これぞ本物、という感じ。自分にはこれしかないし、これのない人生は考えられない。仕事をしていても、人と話していても、最後はそこに帰っていくことを前提としている。心を癒しに戻る自宅や棲家と言ってもよい。

もちろん心地よいことが同時に道徳心に反していたり、他人にとって害悪であったりするかもしれない。また心地よさが同時に不快感を伴うこともある。するとその快楽的な行動を全面的に肯定することは難しくなるであろう。それを隠したり、何度もやめようと試みる場合もある。しかし逆にそのような問題がないのであれば、その行動はその人にとって疑うべくもない肯定感とともに体験されるのだ。

たとえばもう何十年も喫煙を続けている人を考える。幸い深刻な健康被害は起きていない。彼にとって喫煙は安らぎであり、生活にはなくてはならないものだったとしよう。周囲でも喫煙をとがめたり後ろめたさを感じさせたりする人はいない。私が若い頃の昭和の世界は、皆がどこでもタバコを吸い、通学のための汽車の中は、向こうの端が見えないくらい、タバコの煙でもうもうとしていたものだ。精神科の入院施設では、男子の大部屋で患者が普通に寝タバコをしており、畳の焼け焦げがあちこちにある、そんな時代だったのだ。

その当時の「愛煙家」が突然、「公共の場で喫煙したら罰則が科せられる」という法律が成立したことを聞いたとしたら、どうだろう？　きっと彼は憤慨し、その法律を不当なものだと思うだろう。「タバコのない生活を考えることなどできない。一体何が悪いというのだ！　人権侵害だ！」

やがてタバコの被害が明るみになり、副流煙がいかに他人の健康被害を生んでいるかが分かっても、彼は喫煙することに実感を持って後ろめたさを感じることはないはずだ。「どうしてこれまで問題にされなかったことをやかましく言うようになったんだ？」「ほかに人の健康にとって害になることはいくらでもある。たとえば車の運転はどうなんだ？　たくさんの人が交通事故で命を失くしているぞ！」「極端な話、塩分で高血圧が引き起こされ、糖分で糖尿病が引き起こされるんだから、食べ物だって皆法律で厳しく規制されるべきだろう」などと屁理屈をいくらでもこねるだろう。

覚醒剤所持および使用の罪で何度も収監されている元コメディアンのTが、こんなことを書いていた。

「二回目に捕まった後、刑務所に入っている間も含めて六年近くクスリを止めていた。なのに現物を目にすると『神様が一度休憩しなさいと言ってくれているんだ』と思ってしまった。」（夕刊フジ　ネット版二〇一六年二月一二日（金）配信）

覚醒剤が休憩だなんて、とんでもない話だと思うかもしれない。でもこれは報酬系の考え方からすると、すごく納得がいく話である。もちろんTの薬物の使用を正当化しているわけではない。ただ彼の発言は、薬物依存がなぜやめられないか、という問題に対する一つの回答を与えているのである。休息といえば私たちにとって必ず必要なもの、適度な量ならばそれを得ることは当然肯定されるべきものである。その感覚が、覚醒剤を用いたときにも体験されるという点が興味深いのだ。そしてその際両方の架け橋となっているのが、報酬系の興奮なのである。

「ささやかな楽しみ」と報酬系

覚醒剤やタバコほどではなくても、人は毎日ある程度満足のいく生活を送っているのであれば、ある種の「ささやかな楽しみ」をどこかに持っているはずだ。それは仕事の後の冷たいビールかもしれない。ひと時のパチンコでもありうる。家族との団欒かもしれない。スポーツジムでしばらく汗を流すことかもしれないし、夕食後眠くなる前にノンフィクションを読むことだったりするかもしれない。最近ならスマホをいじりながらだらだらと過ごす時間に喜びを感じる人も多いだろう。

これは生きがいというには大げさだが、一日がそこに向かって流れていくというところがある。あなたはそのような時間を全面的に肯定しているだろうし、誰も自分から奪うことができない、一種の権利だと思うかもしれない。事実あなたが他人に迷惑をかけることなく、自分の職務を遂行し、家族の一員としても十分に機能しているのであれば、後はどんな「ささやかな楽しみ」を持とうと、それは人にとやかく言われる筋合いのものではない。

さてこの「ささやかな楽しみ」への肯定観を保証しているのはなんだろうか？　何かの法律だろうか？　ちょっと極端だが日本国憲法を持ち出そう。条文にはこうある。

「すべての国民は健康で文化的な最低限度の生活を営む権利を有する」（憲法第二五条）。

「ささやかな楽しみ」を持つことを法的に保障してくれるものは、これだろうか？　ただし「文化的な最低限度の生活」は報酬系の刺激には必ずしも必要十分条件ではない。仕事帰りのパチンコや寝る前の一杯や一服は、「文化的」かどうかは難しい問題だろう。古代人は水道も電気も持っていなかった。冷暖房などあるわけもなく、夏は暑さに、冬は寒さに苦しんでいた。私たちの目からはとうてい彼らは「文化的な生活」を営んでいたとは言えなかっただろう。しかしそれでも彼らにとっての「ささやかな楽しみ」は存在していたはずだ。それこそ狩猟に疲れた体を焚き火の残り火の前で休めるひと時だって、彼らにとっては一日の最後に待っているかけがえのない時間だったかもしれない。熊本地震で住むところに困り、車の中に寝泊まりをしている状態では、決して「文化的な最低限度の生活」は保障されていないことになるが、それでも彼らは一日のどこかになんらか「ささやかな楽しみ」を作り出すことで、心のバランスを保っていたはずである。飲酒や喫煙だって重要な役割を担っていたに違いない。しかし、「飲酒や喫煙がなければ『文化的な最低限度の生活』とはいえない！」と主張しても、誰も耳を貸してくれないだろう。

結局「ささやかな楽しみ」は、「文化的な最低限度の生活」のさらに上に、あるいは下に、あるいはそれとは別立てで存在するものだ。「文化的な最低限度の生活」そのものは「ささやかな楽しみ」を必ずしも保障しない。場合によっては、文化的な生活が保障されていても「ささやかな楽しみ」を得ることができない人がいる一方、帰る家を持たないで野宿する人々がひそかに得ているものだったりするのである。それはどこかのコンビニのゴミ箱から見つけてきた賞味期限の切れた弁当をいただくことかもしれない。私たちの生活では常に「ささやかな楽しみ」は「文化的な最低限度の生活」に優先される、と言ったら大げさだろうか？

私たちの日常の多くはストレスの連続である。思い通り、期待通りにいかないことばかりである。それでも私たちの大部分が精神的に破綻することなく日常生活を送ることができるのは、実はここに述べた「ささやかな楽しみ」のおかげである。ちょうど身体が一日の終わりに睡眠という形での休息やエネルギーの補給を行うのと一緒であり、これは魂の「休憩」なのだ。「ささやかな楽しみ」を通じて、人は日常の出来事の忌まわしい記憶から解放され、緊張を和らげる。その時間が奪われた場合には、私たちは鬱や不安障害といった精神的な病に侵される可能性が非常に高くなる。「ささやかな楽しみ」は、それにより人が社会生活を継続して送るために必要不可欠なものなのだ。「文化的な最低限度の生活を営む権利」をおそらく凌駕するものである。ただし「ささやかな楽しみ」の前提として文化的な最低限度の生活が保障されていることは有利に働くであろう。たとえば雨風を十分にはしのげないような住居や、ＰＣもテレビもないような困窮した生活では「ささやかな楽しみ」は望むべくもないかもしれない。

おそらく私たちの祖先は、「ささやかな楽しみ」を善として、良きものとして体験することを習わしとして生きてきたはずだ。そしてそれはおそらく善、悪の感覚や、個人の権利の母体となった可能性がある。あるいはそれを見つけることができるような個体が生き残ってきたものと思われる。そう、今生き残っている生物は「ささやかな楽しみ」を見つけ、創り出すエキスパートといえるのかもしれない。

報酬系の関与する快や不快が、善悪といった倫理観と結びつくというのが、この章の一番のポイントである。そして心地よい活動に浸っている時は、それに対する超自我的なチェックが緩むという仕組みがあるはずだ。それは「ささやかな喜び」を確保することへの後ろめたさを軽減するための心の仕組みといえよう。

しかし……もちろんここに一つの大きな問題がある。「ささやかな楽しみ」はしばしば自分の中でも社会でも葛藤を生み、ただ単に楽しいでは済ませられないと言われてしまう可能性がある。コメディアンＴにとっては、一時の覚醒剤がこの「ささやかな楽しみ」だった可能性がある。しかしそれは彼や家族の人生を狂わし、社会生活を台無しにし、やがては報酬系を乗っ取ってしまう可能性のある

「楽しみ」でもあったのだ。この場合は報酬系の興奮＝「休憩」＝人生を維持するための「ささやかな楽しみ」は、とんでもない錯覚だったり恐ろしい陥穽であったりもするのだ。

「報酬系の興奮イコール善」とする根拠

それにしても善、とは何だろう？　人として正しい道。自分の良心に照らして肯定されるべきこと。それを追求することが誰からも非難されず、いかなる形でも抑制されるべきではないものなのであろう。

生命の進化において、心地よさが無条件で、なんの抑制もためらいもなく追求されることは、おおむね適応的なのだろう。あるいは生存にとって有利なものを心地よく感じ、純粋に追い求める個体が結果的に生き残ってきたわけだ。摂食と生殖にどん欲な人（つまり健啖家で色好みの人）が成功者の中には多いというのも、その意味ではよくわかる話だ。しかし快の追求がことごとく生命の維持にとって合目的的であるという時代はもう終わったのかもしれない。この飽食の時代には食べ物は生活に溢れている。純粋に快を追求したならば、人は永遠に口当たりがよく安価なジャンクフードを摂取し続け、健康を害することが目に見えている。それが直ちに善であるわけなどない。しかしそれでも快を善として体験するという習性は残ってしまう。そしてコメディアンTのように、覚醒剤が「休憩」として体験され続けるのだ。

結局は報酬系に従うことが健康の秘訣？

報酬系の刺激を追求することが善である、と言い切ることには当然無理がある。覚醒剤依存症の人の報酬系は、いわば覚醒剤によって乗っ取られた状態にあるが、そのまま薬物を使用し続け、自分の人生や家庭を破滅に追いやるのが正しいわけはない。しかし彼らの報酬系は、人工的な状況ないしは物質の使用により、本来あるべき姿がゆがめられたものである。人が自然に展開していく人生の中で、その報酬系をマイルドに刺激するような活動を見つけ、それが仕事を犠牲にせず、あわよくばそれを仕事に関連させることができたとしたら、その人こそ最も充実した人生を送ることができるのである。

たとえば幼いころより絵を描くことが好きで、常にスケッチブックを持ち歩き、美術クラブで活躍し、すぐれた作品を生み出すことができる人は、画家やデザイナーのような仕事に就くことで、人生を極めて生産的なものにすることができるだろう。ただしもちろんその人が仕事を純粋に楽しむことができる保証はない。芸術家やデザイナーの道を選ぶとしても、自分の好きなテーマばかりを描いていたり、クライアントの意向を無視したりするわけにはいかない。注文に応じて大衆受けする絵を、本来自分が描きたい絵とは別に描く必要も生じるだろう。しかし本質的に絵を描くことが好きであれば、それに耐え、そこから新しい発想を得ることも可能であろう。

私はここから漫画家水木しげる氏にバトンタッチして、彼の主張を紹介したい。彼の著書『水木サンの幸福論』には以下の七か条が記されている。

第一条　成功や栄誉や勝ち負けを目的に、ことを行ってはいけない。
第二条　しないではいられないことをし続けなさい。
第三条　他人との比較ではなく、あくまで自分の楽しさを追求すべし。
第四条　好きの力を信じる。
第五条　才能と収入は別、努力は人を裏切ると心得よ。
第六条　怠け者になりなさい。
第七条　目には見えない世界を信じる。

（『水木サンの幸福論』）

このうち第二、三、四条は単刀直入に、「好きなこと（報酬系を刺激すること）をせよ」という考えを表明している。もちろん彼は自分の人生に照らし合わせて、妖怪にすべてを捧げた自分の興味のことを語っている。そして第一条、第五条、そして第三条も、「好きなことをせよ」を遂行する上でどうしても必要になる心構えなのだ。第一条は「好きなこと」を成功や名誉のために行うことへの戒めであるが、もちろん成功や名誉がついてくるのであれば、それに越したことがない。しかし本来「好きなこと」はそれ自身で完結していて、それに成功や栄誉がついてきてくれるのは、よほど幸運な場合だけである（実は水木先生にもそれは言えるのだろう）。私が論じているのは「報酬系を刺激すること」であり、そこに才能や作品の巧拙を含んでいないということだ。私は誰でも一つや二つは、自分の報酬系を刺激するようなことを持っていると思うが、それがたまたま才能を伴っていることはかなり少ないと考えている。好きなことをやって生きることはむしろ、成功や名誉を諦めることを意味する場合が多いのだ。

その意味で水木先生の幸福論に対しては私なりの異論がある。それは水木先生には妖怪漫画の才能と運の両方があったのだ。もしないとしたら、これほど達観できないかもしれないのだ。

水木先生ほど才能のない人のために

私が実はこの章で伝えたかったのは少し別のことである。人にはその人の報酬系を刺激するような独特な何かがあるものである。そこまではいい。しかしその多くは趣味程度にとどめる必要が出てくるだろう。なぜなら一日の大部分は仕事のための、特に自分に向いていなかったり特別報酬系を刺激することのない活動に費やさなくてはならないからだ。しかしそれ以外にも音楽、食べ物、習慣その他、その人の日常的な活動の隅々にまで、その人の報酬系を刺激することは数多く存在する。人はおそらくそれらの多くを解放し、それらをいかに満足させるかを考えつつ人生を送るべきなのだ。

第Ⅱ部　報酬系の病理

第8章　射幸心という名の悪夢

たかが釘、されど釘

「射幸心」という言葉を聞いたことがあるだろうか？　思わず賭けてみたくなる、賭け心をそそられる、という意味だ。「射幸心」とは字通り考えれば、幸福という的《まと》を矢で射抜きたいという願望ということになるが、そこにアヤしいギャンブルのにおいがある。射幸心は私たち人間が持つ底深い願望に根ざし、ギャンブルの胴元はそれを巧みに刺激して、ギャンブラーたちを破滅への道に誘いこむのだ。いったいこの射幸心とは、報酬系とどのように関係しているのかを考えよう。

わが国では、ギャンブルといえば、パチンコや競馬を想像するだろう。しかしこれらは、「遊戯」「競技」「スポーツ」ということになっているようだ。だから公営ギャンブルという呼び方も正式なものではなく、「公営競技」というらしい。

それにしても「遊戯」、「競技」などとよくも言ったものであるが、ギャンブルが、普通の意味での

「遊戯、競技」とどこが違うのだろうか？　それは射幸心が介在しているか否か、ということになる。それでは射幸心とは何か？

身近な例から取り上げよう。パチンコは日本に特有のギャンブルであり、もちろん単なる「遊戯」にはとどまっていない。年間二〇〇万円も三〇〇万円もそれにつぎ込む「ヘビーユーザー」たちが産業を支えているともいう。その業界で最近問題になっているのが、「釘曲げ問題」である。簡単に言えば、釘の間隔をペンチか何かで微妙に操作することで、射幸心を増すという違法行為だ。私も人生の中でこれまで二、三回くらいならパチンコをやったことがあるのでわかるが、通常、人は玉を弾いて台の頂上付近で落下させようとする。その一番てっぺんにある穴が「中央入賞口」だ。そこに入ると大当たりだが、たいていはその周辺に玉が逸れる。すると運が良ければ、他にたくさん設けられた小口の「一般入賞口」に入り、それ以外の大部分の球はどこにもカスらずに台の下まで落ちて、中央の穴から吸い込まれていってしまう。

さてパチンコ台の頂上にある「中央口」と「一般口」（長たらしいからこう呼ぶことにしよう）に玉が入る確率は業界で定められていて、それを満たすような釘の間隔というのが存在するそうだ。要するに中央口の近くの釘は、その間隔が狭いためにそこに入りづらく、「一般口」のそれは少し広いから入りやすい。ところがパチンコの業者はそれを勝手に変えてしまい、「中央口」により入りやすく、「一般口」には入りにくくする。するとパチンコを打つ側の心理としては、「ダメもとだが一発勝負」になりやすくなるのだという。そして格段に「遊技者」のやる気を引き出す。この「やる気」こそが射幸心というわけだ。

ではどうして警察もそのようなパチンコ台を規制しないか。実はパチンコ台を検査する「保安通信協会」には警察ＯＢが入っているという。つまり、検査がアマくなるのは当然と言わなければならない。

ちなみにこの問題が深刻なのは、この「釘曲げ」がパチンコ依存の数を激増させているからであるという。レジャー白書によると、パチンコにおける一人当たりの平均消費金額は一九八九年が年間五〇万円ほどだったのに対し、二〇一四年は年間三〇〇万円ほどと約六倍に跳ね上がっているという。そして少なくともその一部には釘曲げ（正式には「釘調整」）という本来違法な行為が関与しているという。

釘を調整することで、中央口だけ入りやすく、一般口は入りにくくするという操作が、どうして射幸心を増すかは、読者にはおそらくピンとこないだろう。私もこないが、当事者たちはパチンコをしばらく打っているうちに、体感できてくるのだろう。理屈では説明できなくても自然と体が覚えるのだ。そしてそこには確かに脳科学的な根拠があるということが最近分かってきた。

負けるほど熱くなる

ところで射幸心がなぜこれほど問題になるのだろうか？　それはこれを刺激することで人は容易に身を持ち崩してしまうからだ。その意味で射幸心は麻薬の依存性と酷似している。依存性は、それにより人がますます薬物にはまり、身も心もボロボロにしてしまう力を持つ。射幸心もそれと同じ効果を持つ。人は単に射幸心により賭け事にますます入れ込む、ということでは済まない。そこには負ければ負けるほどさらに入れ込む、という構図がある。麻薬の例えで言えば、吸っている麻薬が不味ければ不味いほど、ますます吸いたくなるという事情になる（実際の麻薬の場合は、少なくともまずい、という感覚はないであろうから、そこはパチンコと多少なりとも違う点である）。さらに射幸心により生じる金銭的な損失は破格であり、一回の賭けで社会的な生命を一瞬にして失うこともありうる。射幸心が場合によっては麻薬の依存性よりも恐ろしいと考えられる理由はそこにある。しかしそれにしても、負ければ負けるほど……とはどのような意味か。それを以下に説明しよう。

ギャンブル依存に関する最近の脳科学的な知見は、非常に重要な情報を与えてくれる。その一つは、ギャンブラーたちの多くは、お金を儲けるために賭け事に夢中になるのではない、ということである。いや、これは正確な言い方ではないかもしれない。彼らはもちろん「一攫千金のためにパチンコ台に向かっているんです」というだろう。しかし彼らは負けた時も、あるいはニアミスの時も、場合によっては大当たり以上に脳内の報酬系にドーパミンが出ているらしい。それがますます彼らを賭け事に夢中にさせるというのだ。それをLoss chasing（負けを追い求めること）と呼ぶ。だから正確な言い方をするならば、「ギャンブル依存の人は微妙な形で負けると、ますます興奮する」のだ。結局はお金が儲かるかが不確かであればあるほど、賭け事そのものに興奮し、夢中になるというわけである。

ここで私は注意深く、「負けるとますます興奮する」という言い方をした。要するにアツくなっているという意味だ。記述に正確を期すためである。実は「負けることが快感となる」と書こうとしたが、それでは正確ではないと思いとどまったのだ。なぜならパチンコ台であともう少しのところで大負けした人に「気持ちいいですか?」と尋ねても、「なわけないだろう!」と怒鳴り返されるだけだろうからだ。そう、その時は彼らは快感とは言い切れない体験をしているのだ。しかし確実にハマっていて、興奮している。そしてますます金をつぎ込もうとする。

ここでlikeとwantとの違いについてゆっくり考えて欲しい。好きlikeではなくとも欲しくて求めてしまうwantのが、報酬系の妙なのである。パチンコの台のことを思い出そう。釘を細工された台では、パチンカーは何度も「一般口」に裏切られてつらい思いをするはずだ。でもますます「中央口」に向かって玉をはじく。一般口に入りそうでなかなか入らない体験が、より彼をアツくする。「いつ出るかはわからないが出ると大きい」が一番人を興奮させるのだ。あとはどの程度の「出そうで出ない」が一番この不確かさを増すかを熟知し、それに従って釘を調節するのが、プロの釘師の腕の見せどころなのだ。

ちなみにある学者は、「微妙な形で負けるとますます興奮する」という傾向には、系統発生的な意味があるという。哺乳類でも鳥類でも、餌が予想に反して出てくるような仕掛けにより夢中になる。総じて餌の出る量が、予想通り出てくる仕掛けより低いとしても、動物はそちらを選ぶという。そしてもともとこの賭け事好きの個体が生き残ってきたという仮説が成立するというわけだ。(2)

皆さんは水辺でじっと彫像のように動かない鳥ハシビロコウのことを御存知だろうか?　池のほとりで何時間もじっと、まるで剥製のように微動だにせずにいる鳥だ。彼は池の水面に目をやっている。ごくまれに息継ぎをしに水面に近づくハイギョを狙っているのだ。ハイギョが水面に現れたその瞬間に突然、それまで微動だにしなかったハシビロコウは、荒々しくハイギョに襲い掛かる。

図 8-1　ハシビロコウ
（英語版 Wikipedia　"Shoebill"
〈ハシビロコウ〉より）

おそらく皆さんは思うだろう。「何が好きであんなにじっと待っているのだろうか？」　忍耐力という意味では人間よりはるかに優れているに違いない。でもおそらくここにも射幸心が関係している可能性があるだろう。彼はアツくなっているのだ。ごくまれにしか現れない大物だからこそ狙う価値があるのだ、と。もしハシビロコウにギャンブル心がないなら、数時間を無駄にするかもしれないようなことをできるのだろうか。彼も大物を釣り上げようと待っている釣り人のごとく、手に汗握る濃密な数時間を送っているのではないか。私はそう妄想する。しかし待っている時の気持ちについてハシビロ君に聞いてみても、彼はこちらを見もしないし、何も答えてくれないだろう。

ところで薬物依存においては、何が射幸心に相当するのであろうか？　基本的にはそこに射幸心は介在しないのであろう。コカインを鼻から吸ったら、数回に一度の割合でハイになれる、ということは普通は起きない。何度吸ってもハイはハイである。しかし私は思う。薬物中毒でも、最初の快感を追う形で人は何度もヤクを用いるのではないか。ロスチェイシングではなく、「ハイチェイシング」である。すなわち一番最初に得た快感が忘れられずに、それを追い求めて薬物を使用するという構図が心理的にできているのではないか？　ロスチェイシングは、ある意味では「ハイチェイシング」のバリエーションなのだろう。同じ量のコカインを吸っても、得られるハイの高みはその時のコンディションで微妙に違う。一つ確実なことは、最初の強烈な快は、もう二度と得られないということなのだ。すると薬物の使用は、いつかあの至福をもう一度、と狙いながらも二度と当たりを得られないような賭け事になぞらえることができるかもしれない。

射幸心とマゾヒズム

以上の射幸心に関する話が自虐性（マゾキズム）の問題に結びつくことについては特別の説明はいらないだろう。もちろん射幸心に駆られて賭け事にはまり、身を持ち崩す人に「自分を傷つけている」という感覚はないかもしれない。しかしある意味ではこれほど明らかな自虐的行為もないのである。

興味深いことに、ギャンブル依存の人とそれ以外の人で、大当たりをした際の報酬系の興奮に差はないという。問題は惜しくも負けた場合、ニアミスの場合だ。負けることで余計熱くなり、さらに賭け事を続けようとするのだから、自ら自己破産のプロセスに身を投げ出しているようなものである。

しかしハシビロコウの例で分かるとおり、射幸心に類似するメンタリティは決して異常ではなく、系統発生的に存在し、私たち人間も個人差はあるにしても日常的に経験しているはずだ。「一〇一回目のプロポーズ」（フジテレビ系）というドラマがあったが、主人公は実は断られることに快感を覚えていたのではないか？　そしてこれは恋愛妄想に近い心理をも説明しないか？　つまり断られ、拒絶されればされるほど燃え上がる人々は決して少なくないのである。

この問題は人間の行動も、それを理解しようとする心理学をも一気に複雑かつ不可解にする可能性がある。私たちは通常は人間を功利主義的な存在と考える。常により大きな快を求める傾向にあると考えるのだ。そして大抵はそれにしたがって生きていると思っている。ところがふとしたことから喪失、拒絶、失敗の体験に興奮が伴うという体験を持つ。ここでも「快感」とはあえて言わない。あくまでも「興奮」のレベルである。それを心地よいとさえ思わない。でもそれを繰り返したくなってしまうのである。

実はこの問題は私たち日本人が特に持ちやすい、禁欲主義とも関係している可能性がある。カウンセリングを学ぼうとしている人が、「精神分析の道は長く厳しい。悪いことは言わないから諦めた方がいいよ」といわれて、がぜん精神分析の道を歩んだという話を聞いたことがある。あるいは私が知っている、不妊治療を受けた人の話。医師に「この方法は高価だし、妊娠する確率は低いですよ。それでもいいんですか？」と問われてますます「この方法に賭けるしかない」と決意を固める人が少なくないという。

この射幸心とマゾキズムの問題は虐待とも結びついている。パートナーとの関係で、ＤＶの被害に遭うことがわかっていながら、その関係を続けたくなるという心理などを考えればお分かりだろう。不確かな成功の可能性、そのために多くの喪失を伴いかねないこと、これらは少なくとも私たちのごく一部を駆り立てる。その中には、虐待の後にごくまれに見せる、相手の表面上の優しさを追い求めていることがある。あるいは「私たちのごく一部」どころではないかもしれない。そうでなければ、一等（数億円！）に当たる確率が限りなくゼロに近い宝くじを、どうしてこんなにたくさんの人が夢中になって買い求めるのだろうか？

期待そのものが快感である

今までの議論は、負けることが興奮を生む、という話だ。ここから先は少し違う。人は結果を期待して待っているとき、その期待それ自身が快感だという研究がある。これは負けることでますますアツくなる、という若干倒錯的なニュアンスのあるギャンブラーの射幸心の話とは違う。期待しているときにすでに快感を得ているという体験は、射幸心を持つかどうかにかかわらず、いわば万人に共通なのである。そしてそれが私たちの人生の喜びのかなりの部分を占めているかもしれない。将来きっといいことがある、と思っているだけで快感だから、生きていることそのものがすでに楽しい、というのが私たちの健全な心のあり方かもしれないのだ。そう、私たちの人生は、精神的な病やトラウマの影響を受けていないのであれば、デフォールトの状態が楽しいものなのである。

話を大きくせずに、ギャンブルの話に留まろう。ギャンブルにはひとつ注目すべき点がある。それは、ハマらない限りは、人に「遊び」という感覚、純粋に楽しい、という感覚を生むのだ。

たとえば千円札を捨てるつもりでパチンコ屋に入る。十中八九、三〇分以内にあなたはそのお金をすべてお店に献上して店を出てくるだろう。でもあなたは不幸ではない。あなたは千円を支払うことで、三〇分の間に自分を高めたわけでも、より健康になったわけでも、より知識を身に付けたわけでもない。でもきっと思うだろう。

「三〇分こんなに楽しんだのだから、千円は安いものだ。」

ところで、あなたはその三〇分の間、必ずある期待をしていたはずである。千円を元手に荒稼ぎをすることを、である。これがあったからこそ楽しかったのだ。もしそのパチンコ台が決して勝てない台であるということを知っていたら、あなたは絶対にその時間を楽しめなかっただろう。幸福な結果を期待して待っている時間はそれだけでも楽しいのである。

期待することそれ自身が快感である、という事実がどれだけ驚くべきか、私はまだ読者に十分に説明できていない気がする。もし私たちの報酬系が極めて単純にできていたら、期待したものが得られなかったら、その分失望という名の不快として体験されるはずだ。

そこでここからは思考実験である。あなたがパチンコの玉一つを持っている。それを弾くと、中央口に入る確率がちょうど五〇パーセントだとしよう。そして玉が入った時の快感をＰとしよう。またあなたはその玉を拾った、という想定にしておく。元手はゼロ円だ。玉を弾いてみるまで入るか分からないから、その時までの快は½Ｐのはずだ。Ｐ×0.5（五〇パーセントの確立だから）＝½Ｐというわけである。すると実際にはじいた球が中央口に入った場合は、残りの½Ｐが体験され、両方で１Ｐということになる。それは中央口に入ることが決まっている（入る確率が一〇〇パーセントの）玉をもらうのと同等ということになる。もしそのように心が働いた場合にそれを図示するとしたらどうなるだろうか？　それを以下の図８-２に示す。

このシンプルな図の基本的なコンセプトを示しておきたい。図の横軸は時間経過を指す。縦軸は

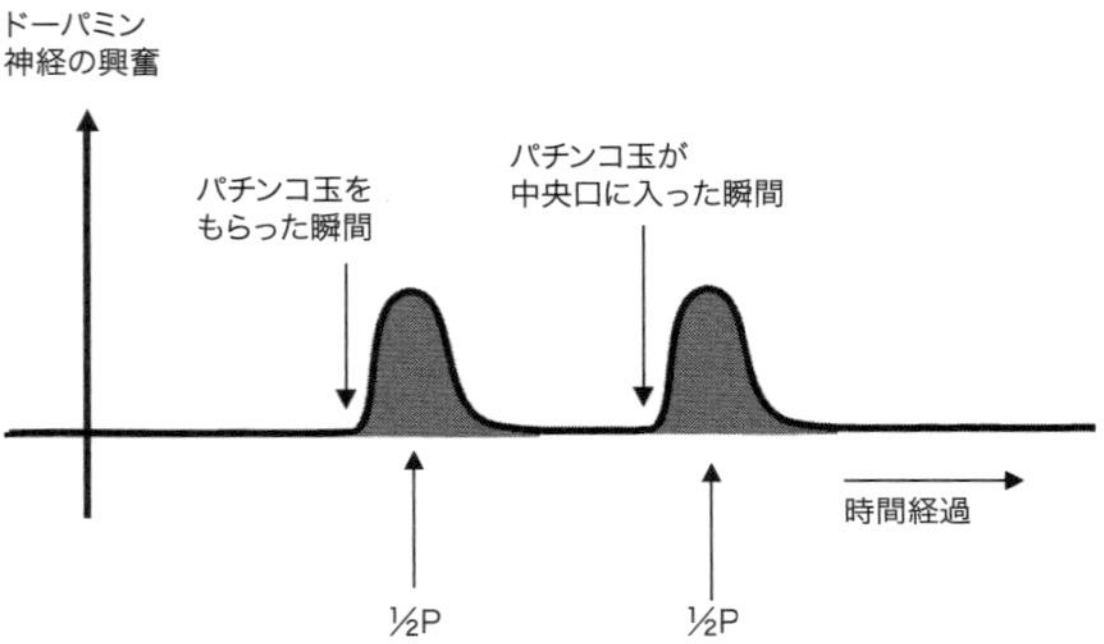

図8-2

「ドーパミン神経の興奮」の度合いである。パチンコ玉をもらった瞬間、そしてそれが中央口に入った瞬間のその興奮の度合いが縦軸に示されている。ここでその縦軸の変化の内部が塗られている部分に注目していただきたい。これが鋭く立ち上がって徐々に低下するのは、パチンコ玉が手に入ったり、それが中央口に入った瞬間が最もうれしく、時間と共にその喜びが低下していくという心の動きを示し、これはかなり一般的なものとみなせるであろう。そしてその内側が塗られている部分の面積は、その体験の総量すなわち積分値を表しているのである。

次に図8-3は、玉が入らなかった場合の図である。こちらはマイナスの部分が斜線で表されているが、その面積が示すのは期待が外れたことによりがっかりした気持ちの総量である。この場合は当初の期待感を伴った½Pが、パチンコ玉が入らなかったことでマイナス½Pにより相殺されたことを表す。そのときの心を描写するならば、「やっぱりね、どうせ入らないと思った……」とでもいったところか。

さてこれらの図8-2、図8-3は一見合理的なように見え

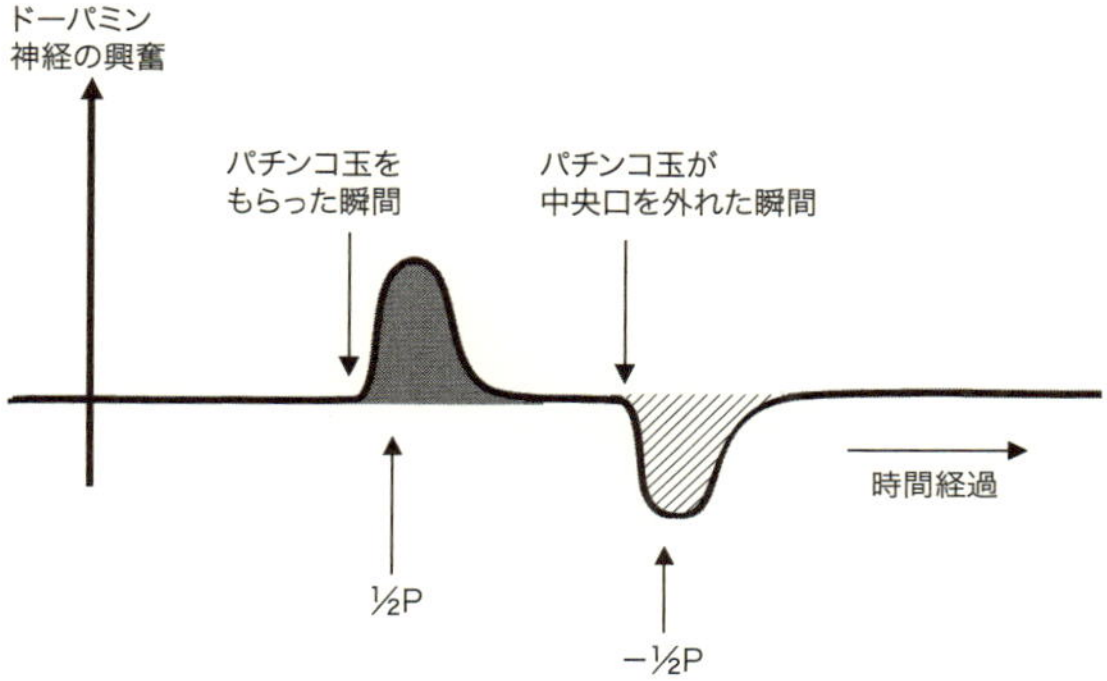

図8-3

るだろう。現在の脳科学でわかっていることは、快は時間とともに変化していくということであり、それはドーパミンの興奮の度合いと深く関係しているらしいということである。そして図８-３の「½P ＋（−½P）＝ ０」というのも理屈にかなうようだ。パチンコ玉をもらってうれしくても、それを無駄にしてしまったら、プラマイゼロだ。そんな体験は一日が終ったら忘れてしまう、ということになりはしないか。ちょうど一万円札を拾って喜んでよく見たら、一〇〇〇万円と書かれたおもちゃのお札だと知ったときと同じである。

しかしこの図８-２、８-３、共に問題がある。これらの図には、一つのパチンコ玉と「遊んだ」分の楽しさ、玉が入ろうと入らなかろうと得られる心地よさがどこにも見られないのである。この図は実は正確ではないのだ。

その事情をリンデン氏の書[30]の記述をもとに示そう。動物実験によれば、ある種の成功体験を期待して待っているときは、すでに快感が体験されているということを示す実験があるという。

サルを訓練させ、緑の信号のすぐ後に砂糖水がもらえると

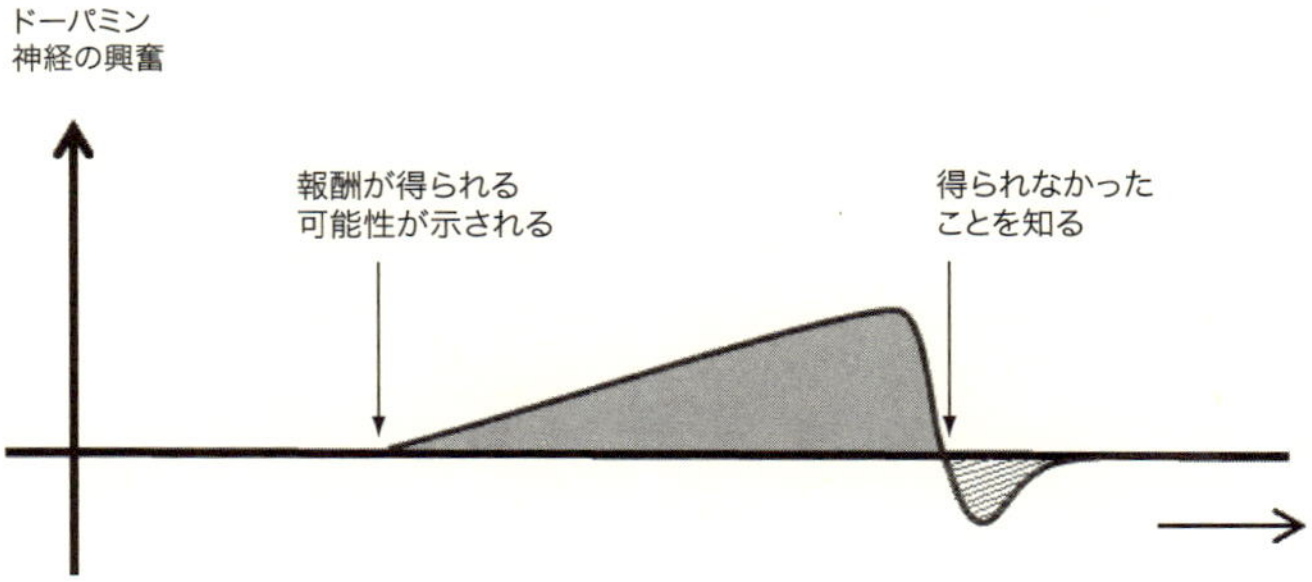

図8-4

いうことを学習させる。その上で緑色を見せると、猿の報酬系は一瞬活動を増す。これは「やった、砂糖水がもらえる」というサインであり、実際に二秒後に口の中に砂糖水が注がれる。ここまでが第一段階。第二段階では青信号を導入し、青信号の場合は、砂糖水が二秒後に与えられる確率は五〇パーセントにすぎないことを、サルにトレーニングにより学習させるのだ。

するとどうなるか？　青信号がともった瞬間にやはり報酬系が興奮し、それはだらだらと持続し続けるのだ。二秒後に砂糖水をもらえても、もらえなくても、結果が分かった時点まで興奮は続く。なんという驚くべきことだろう！　期待して待っている時にすでに報酬系が働いている。これは結果のいかんに関わらずそうなるのだ。競馬で言ったら、馬券を買ってから出走馬がゲートに入り、一斉にスタートをし、たとえ結果的にそのレースに負けてもそのプロセスが楽しいことになる。負けたらもちろん失望する。しかしその分を差し引いても残る快が大きいからこそ人は競馬場に足を運ぶのだろう。勝っても負けても。

それを図示すると図8-4のようになる。上記の図8-3との違いをごらんいただきたい。

ニアミスのファクターとの関連

結局射幸心は、ギャンブルにおいて渇望を引き出す仕組みであり、ギャンブルを提供する側がそれを巧みに操るのである。人の射幸心をあおる、とは賭け事で「もっともっと……」と人の心を狂わせるための手段なのだ。そしてその特徴はなんと、負けたことが人の心をあおるという、常識からはあり得ない仕組みにある。

もちろん人は負けること自体を目的とするわけではない。負けることはつらく苦しいことだ。しかし「次は勝つかもしれない」、という気持ちがギャンブルの継続を人に強いる。そのひとつの決め手はニアミスということだ。これについては、本章の冒頭で触れただけで、十分に扱っていなかったが、この「もう少しのところで当たっていた（けれど結局は外れた）」という体験が、ギャンブラーの射幸心をあおるのである。

このニアミスという現象が脳科学的には報酬系に関与しているということはわかったのだが、それ以上の具体的な事実や仕組みが明らかになったわけではない。そしてもちろんギャンブルを継続させるのは、ニアミスだけではない。事実宝くじなどで、ニアミスはあまり出ないはずである。当たりくじとひとつだけ違う番号がたくさん出回る、という話など聞いたことがない。それでも人は宝くじを買い続けるのだ。しかしスマートフォンのゲームなどでは、ニアミスが射幸心を高めるため、法律の規制下におかれている。

読者の皆さんは、しばらく前に話題になった「コンプガチャ」を御存知だろうか？　「コンプリートガチャ」というこの遊戯方法は、オンラインゲームなどで、いくつかのアイテムをそろえることにより、レアなアイテムを得る権利を獲得する。これはいわゆる「絵合わせ」とも呼ばれ、射幸心を高めるために規制されているのだ。その法律が「不当景品類及び不当表示防止法」第三条の「景品類の制限及び禁止」であり、コンプガチャは少し難しい条文では、「懸賞による景品類の提供に関する事項の制限」の対象になる、と書かれている。

このコンプガチャの問題は一昔前のポケモンのカードを思い出させる。私の息子が小さい頃だから二〇年ほど前だが、随分たくさんのポケモンカードを買ったのを覚えている。一袋に一〇枚程度のポケモンカードが入ったものが売られていたが、何が入っているのかわからない。ほとんどはありふれた誰でも持っているカードだが、時々レアなカードが混じる。しかし「激レア」カードは何袋買っても出てこない。これもニアミス感覚である。

息子の様子を見ていて面白かったのは、次々とカードを明けるときに、一枚一枚何か念じているようなしぐさを見せたことだ。あたかもそれによりカードがレアから激レアに変わるかのように、である。実はこのことが、なぜニアミスがそれだけ私たちをアツくするかの一つのヒントを与えている。

ニアミスが射幸心を高める理由については、諸説あるが、私が意義があると感じるのは、次のものである。それはニアミスは、ギャンブラーにとっては、もう少しでうまくいっていた、すなわち「惜しい」体験であり、あとひと頑張りで夢は達成できていた、という感覚を生むという説である。

ある研究(11)によると、ニアミスはフルミス（完全なミス、大外れ）に比べると不快は大きいが、もっとやりたい、という気持ちを生むという。ただしそれは、ギャンブルをする人がある程度のコントロールを握っている場合である。それはどういうことかといえば、たとえばサイコロを自分で振ること、パチンコ玉を自分で弾くこと、宝くじの番号を自分で選ぶこと、あるいはその店を、買う時間を自分で選ぶことなどである。そうすることでギャンブラーは自分がつきを呼び、大当たりを引き寄せるという錯覚を覚える。そこでニアミスが生じれば、ギャンブラーは「負けた」ではなく、「もう少しで勝った」というふうに感じ取るというわけだ。

この論文で行っている実験を見てみよう。まず擬似スロットマシンをPC上で作り、六つのアイコン（バナナ、りんご、など）をぐるぐる回す。一つだけ位置がずれていた場合はニアミス、それ以上ずれていたらフルミスということにする。そしてその回転を自分で止めるか、PCが止めるかを選択させる。すると両方とも結局はランダム性に左右されるにもかかわらず、自分で「止めた」方のニアミスは、明らかにフルミスよりも不快で、同時にもっとやる気を起こさせた。私たちのなじみの言葉を使えば、ニアミスは、"less liking but more wanting" つまり like ではないが want をより高める状態であり、すなわち射幸心を全開にさせるのだ。

そこでニアミスと脳との関係であるが、ニアミスの場合は、両側の腹側線条体と右前島皮質という部分が興奮していたというのだ。そしてそこは、思わぬ棚ボタで興奮するところとして知られていた部分であった。もう一つの発見は、ニアミスではいわゆる報酬サーキット（右前帯状皮質、中脳、視床）も興奮し、それが嗜癖と関係しているということがわかったという。

この論文でも強調されているのが前島皮質である。どうやらここに秘密が隠されている。薬物依存でも、渇望（薬物をやりたくてやりたくて仕方がない状態）に深く関連しているのがこの前島皮質であることが知られている。そして事故等でこの部分に損傷がある場合には、この渇望が起きなくなるという。実に不思議ではないか？　ここが傷つくと、依存症が嘘のように消えてなくなる可能性があるというのだ。

そしてもう一つの問題の部位が右前帯状皮質であり、この部分がニアミスを「常にもう少しで勝っている」と体験することと関連しているという。

結論として、次のような主張ができるだろう。私たちは偶然生じる事柄にも、自らの能動性を読み込む傾向にある。前出の論文にも出てきたコントロールに類する体験は、実は私たちがほとんど常に空想の世界で持っている。試験の発表を見る前に一生懸命お祈りをするのはそのためだ。それにより偶発的な出来事を少しでも自分に有利な結果の方に引き寄せることができるという幻想が生まれる。渇望の生まれる背景にはこのような心のからくりがあったのだ。

第9章　嘘という名の快楽　1

虚言症の心理

「スタップ細胞はありまぁす」という、うら若い女性の訴えるような声が会場に響いた。二〇一四年四月九日、一連の騒動が一段落して二カ月ぶりに公の場に姿を見せた小保方晴子氏。記者会見では動揺や緊張を最初は見せたものの、その後の質問になると落ち着きを取り戻す。そして「スタップ細胞はあるんですか、ないんですか?」という記者の直球の質問に答えたのが、冒頭の言葉だ。そして彼女は、「すでに二〇〇回以上スタップ細胞の作成に成功している」、「写真は何百枚とある」、と「研究成果」を訴えたのである。

おそらく日本の学問の歴史で最大の汚点のひとつとして長く人の心を去らないであろうスタップ細胞騒動。一番の問題は、彼女の発した言葉、取った行動が常人の想像を超えていたことにあると私は考える。私はスタップ細胞が実在するかどうかを判断する立場にない。それがありえないと一〇〇パーセント断言することはできないのではないか……と私が今でも書くとしたら、それはやはり小保方マジックの影響下にあるかもしれない。

何が言いたいのかを説明しよう。あることに確信を持ち、それにしたがって行動する人を見て、普通私たちはそれが事実だと思い込んでしまうという傾向がある。それが一見善良で真摯な研究者の言葉であり、しかも若く愛らしい女性だとしたら、その真偽を疑う理由がない。彼女を信じた人たちはきっとこう言っていただろう。

「いったい彼女がスタップ細胞という話をでっち上げるような事情などあるでしょうか？　他の人が追試すればいずれはバレてしまうような嘘を彼女がつく理由などあるはずがありません。」

確かにそうなのである。普通なら誰もそのようなことを思いつきはしないだろう。そしてそのようなことが起きること自身が稀だったからこそ、そのために多くの人が彼女の話を信じ、そしてそれがスタップ細胞騒動へと発展したのである。よくある話だったら、みな「またか……」と相手にしなかったはずなのである。

それにしてもなぜ……。

私にもその理由はわからない。しかしひとつ言えるのは、スタップ細胞が存在しているという前提のもとでの言動の際に、彼女の報酬系が興奮し、彼女に心地よさや安心感を与えていただろうということだ。報酬系という観点から見た彼女は、そのように考えざるを得ない。「スタップ細胞がある」と断言することは彼女に不安や後ろめたさを感じさせた可能性がある。しかし同時に、そしてそれ以上に彼女にとってそれは心地よいことだったはずである。だから彼女はその主張を今でも続けているのだ。

こう言うのは当たり前といえば当たり前の話かもしれないし、何の解決にもならないかもしれない。人が何かをするのは、それが結局心地よいからだ。しかしそこまで話を戻すことで見えてくることもあるのではないか。

虚言《きょげん》……。いやな響きを持つ言葉である。人を欺くことを目的とした言動のことだ。しかし単純に人を欺くようにはとても思えないような嘘も存在する。本当に欺きたければ別のやり方もありそうに思えるような嘘。本当にスタップ細胞が存在しないと仮定したなら（私もしつこいところがある）、小保方氏の虚言は、その類のものである。

人が同じ行動を繰り返す場合、大きく分けて二つの可能性がある。ひとつはそれが何らかの快感に結びついているから（たとえば衝動的行為）。もうひとつはそれが苦痛（不安）を回避するから（たとえば強迫行為）。私は小保方氏がスタップ細胞の実在を繰り返して主張することで何らかの不安を回避しているという印象を受けない。いや、その可能性は否定しないながらも、彼女がそれにより回避しているものが思いつかない。嘘をついているという事実だろうか？　でもそれならむしろ逆効果ということになる。嘘をついていることを隠すために別の嘘をつく、ということならよく人はそれをする。「嘘を嘘で塗り固める」、というヤツだ。もし彼女がそうなら、たとえば「私は〇〇さんに唆《そそのか》されたんです」とか「××さんに嘘のデータを渡されたんです」、と言うこともできただろう。でも彼女は実際には「スタップ細胞はあります」を繰り返すだけでなく、「もう二〇〇回成功しました」など、ますます墓穴を掘り下げるようなことを言っている。あるいは誰かに脅され、うそをつく事を強要されているとか?　まさか……。

やはり可能性としては、小保方氏はスタップ細胞を作ったという考え、ファンタジーに浸り、快感を覚えていたと考えるしかないだろう。私は小保方氏が二月の記者会見で見せた、晴れがましい表情をよく覚えている。シャッターを浴びてちょっと上気して、満足そうな笑みを浮かべていた彼女。二カ月後の四月九日の、まったく笑顔の消えた、沈痛な面持ちの彼女とは大きな違いである。彼女はスタップ細胞を作った「リケ女」の鏡として脚光を浴び、とても嬉しかったのだろう。彼女がスタップ細胞を架空のものとして認めることはその快感を放棄することになり、それは彼女には思いつくべくもなかった。単純に言えばそういうことだろう。

もちろん私には読者の次のような疑問の声がすぐに聞こえる。「でも嘘がばれることの恐ろしさはなかったのでしょうか?　普通の人間ならあのような場合に晴れがましい顔をして記者会見をすることなどできないのではないでしょうか?」

この問題には少し精神医学的な議論が必要だろう。といっても精神医学で人の心を説明しつくすことなどできない。できることといえば、おおよそこんなふうに説明できるだろう、という大雑把な議論だ。そう断った上で言えば、彼女の心には一種の「スプリッティング」が生じていたであろうということだ。彼女はファンタジーに浸っているときは、通常の判断力や理性を保留することができたのであろう。これは彼女が妄想をもっていたということではない。妄想の場合には、それに伴う言動の異常さ、奇矯さに、周囲がそのうち気がつく。というのも、自分の言動の真実さを一切信じているから、それが虚偽であることがわかってしまうのを避けるための努力を行わないからだ。そしてそれに関して問うていくと、さらに妄想的な内容が出てくるので、周囲はそうと気が付くのである。

一方、小保方氏の場合には、極めて巧妙にデータを捏造し、その上でその捏造データが真実であるというファンタジーを作り上げてそれに浸っていたのではないか。しかし同時に現実にはそれが存在しないことを彼女はわかっていたはずである。つまり、ファンタジーと現実の二つの世界を行き来できたことになる。それが「スプリッティング」と呼ばれる心の仕組みだ。

ちなみに類似の状態として解離がある。これは別の種類の心の仕組みであるが、これも心の中に二つの別々の状態を共存させるメカニズムである。しかし解離の場合は、別の人格状態が真実を語りだす、あるいは過去の記憶を保持しないという様子が見られるが、小保方氏からはそれを示すものが伝わってこない。

スプリッティングという機制を用いることで、それを用いない通常の人ならとても考えられないようなことが彼女には可能になる。一方ではファンタジーに浸り、その世界で満足体験を持つ。そして今度は現実の世界に戻って嘘が露見することを防ぐべく努力する。Ａの世界とＢの世界。彼女はその間を比較的自由に行き来できたのではないか。そして両者は十分に分かれていた（スプリットしていた）からこそ、Ａの世界でのファンタジーは彼女に快楽を与えたはずだ。もしこれが単純な嘘だったら、それがいずれはバレてしまう恐れを同時に感じ、嘘による偽りの喜びに浸ることは難しい。心に同時にありながら、個別に体験できる。スプリッティングとはそういう心の働きなのだ。

この種のスプリッティングはたとえば依存症などでも見られることがある。パチンコが自分にも家族にもよくないことがわかっていながら、どうして人はパチンコ屋に開店前から列を作るのだろう？　あるいは覚醒剤が身を滅ぼしているとわかっていて、どうしてやめられないのだろう？　パチンコも覚醒剤も、やっている最中はその快感に抗うことができない。その瞬間はもう片方の現実を忘れるのだ。そしてそれは小保方氏の嘘とどこが違うのだろうか？　恐らく本質的には違わないのだ。

スタップ細胞騒動から二年たらずして、本人の手記『あの日』（講談社、二〇一六年一月）が出版された。その中の彼女の記述を見ると、やはり小保方氏は単に嘘の上に嘘を構築している、というのとは異なる議論を展開しているようだ。おそらく彼女の話には、自分にも他人にも不正直なところが含まれているのであろう。あえて見るところを見ずしてストーリーを作り上げてしまっている。たとえば、データ改ざんについては、次のように述べている。

図表加工が改竄を疑われるとは思いもしなかった。……私は学生時代に、バンドの濃さで示される量ではなく、バンドの有無を論文の図表で示す場合には、曖昧ではなく明確に示すべきだと指導を受けたことがあり、あるか、ないか、を見やすく加工することが改竄を疑われる行為だとは思いもしなかった。

どうだろう？　「自分はこのような指導を受けた。」「あるかないかを見やすく加工することが必要だ。」だから他のところから取ってきてもオーケー、ということになる。それはおそらく彼女が心の中で行っていた理由づけでもあるのだろう。細かい虚偽の積み重ね。その延長線上にはスタップ細胞が存在する、というところまでストーリーが構築されていく。それぞれの過程で彼女の中では安易で心地よい選択へと流されたのである。

「仮置き」という名の禁じ手

ところでスタップ細胞騒動の後、私はなぜ研究の捏造が行われるのかについて興味を持ち始めた。小保方氏の「スタップ細胞」をめぐる一連の事件、そして某有名大学の医学部で生じている論文の不正に関する報道を目にしながら、私は今、恐るべき可能性について考えている。科学論文って、案外不正の巣窟なのではないか？　データの改ざんは、私が想像していたよりはるかに頻繁に行われているのではないか？

考えてみれば、高知能で社会的な適応を遂げたはずの人たちの多くが脱税や贈収賄などの罪を犯すことは周知のとおりである。ということは犯罪行為は一般の人でも容易に行われうるということなのだろうか？　私たちはそれほど反社会性を備えた存在なのだろうか？

論文の不正のテーマに戻るならば、科学論文はその気になれば、いくらでもデータの改ざんができるのではないかと疑ってしまう。なぜならば、データの信憑性を最終的にチェックする方法がないからだ。たとえ公正を期するために、「科学論文には、ローデータとして実験ノートの提出が必要である」という決まりを作ったとしても、そこに数字を書き込むのは当事者なのである。すべての実験過程で特定の第三者が目を光らせるなど、ありえない話だ。

それにしても私は最初、犯罪者でもない人たちが、どうしてありもしないデータをでっち上げて論文を作ることができるのかがわからなかった。論文を書く人たちは高い知能だけでなく、当然世間の常識や通常の倫理観は備えているだろう。どうしてそのような人たちが窃盗や万引きまがいの罪を犯すのだろうか？

この問題を考えていくうちに、いくつか納得のいく事情を知ることができた。これもまた報酬系の問題なのである。その決め手となったのが、データの「仮置き」という行為だった。ある論文を書くとき、仮説の通りのデータが得られた場合を想定し、その仮想的なデータを組み込んだ論文を作成する、ということがあるらしい。それをデータの「仮置き」というそうだ。ある大学での論文捏造が問題になった時、「仮置き」を誤って本当のデータと見なして論文を書いてしまった、と説明された。あってはならないことだが、これが巧みに私たちの心に侵入してきて、心の「遊び」レベルで扱われたらどうだろう？　わずかにサイコパス傾向を有するレベルの通常人が、ついつい犯してしまうような、通常の自己欺瞞の範疇に、これが入り込んだら？

そのようなことが起きるからこそ、人はあれほど論文を捏造し、データを改ざんするのではないか？　最初の頃はあくまでも「仮に」置かれていたデータだったが、論文の提出期限が迫ってもなかなか実際の実験データが上がってこないため、他の部分もその仮置きデータに沿って書き足されていく。あとは最後の最後にそこに正しいデータを入れ替えればいい、という段になって、たとえば仮に置かれていたデータ「8.1」の代わりに「8.5」が実際のデータとして上がってきたとしよう。しかしそれだと予想と異なり、論文を全面的に書き直さなくてはならない。その時実験結果を報告してきた院生に教授が尋ねる。「もう一度聞こう。君は目がかすんで、スクリーンの数字を、実際は8.1なのを8.5と読み違いしてはいないか？　え？　僕の言っている意味がわかるかい？」　そのような状況に立った院生の何人かに一人が、「ハイ、教授。正しくは8.1でした」と答え、研究ノートにも8.1と書き直す……。そういう問題なのかもしれない。

あるいは株のインサイダー取引など、かなり怪しいのではないか？　純粋に想像だが、たとえば知り合いの会社社長が電話をしてくる。「君にはいろいろお世話になったね。だから君には少しばかりお礼をしたくてね。わが社のある製品が、今度特許を取得して……。おっと余計な話は禁物だな。私の独り言だと思ってくれ。じゃ元気でな。」

あれほど厳しく罰せられるインサイダー取引。最近ではそれを追及する技術も非常に向上しているらしい。でもこの種の会話をする人たちが正真正銘のサイコパスであるとは限らないのではないか？

図表加工が改ざんを疑われるとは「思いもしなかった」

研究の世界には「データの仮置き」という独特の習わしないしは文化のあることを紹介したが、だから小保方氏の行為もその延長線上にある、ということを言いたいわけではない。やはり彼女の場合は、明らかに仮置きのレベルを超えていた。あえて言えば、彼女の中で、個別のデータではなく、架空の研究そのものを頭の中に「仮置き」してしまったというところがある。そしてそれには彼女の独特の思考プロセス、おそらくかなり病理性をはらんだものが関わっていたのであろう。先ほどの引用を繰り返す。

私は学生時代に、バンドの濃さで示される量ではなく、バンドの有無を論文の図表で示す場合には、曖昧ではなく明確に示すべきだと指導を受けたことがあり、あるか、ないか、を見やすく加工することが改竄を疑われる行為だとは思いもしなかった。

スタップ細胞が存在するという前提に立つと、あとはそれをどうやって人に信じてもらえるか、である。とすればわかりやすい手法がいいではないか。図表は他所から借りてきてもいい……。そら恐ろしいロジックである。これはたとえば別の例を考えてみるとわかりやすい。UFOは存在する。それは真実だ。それを皆にわかってもらうためには、夜空にぼんやりと写ったUFOの写真よりも、たとえば灰皿に少し手を加えて、それを空中に投げて撮った写真を提示した方が、形がハッキリしていてわかりやすいではないか。UFOが存在するのが真実なのだから、そのような小細工は本質に影響はないし、当然許されるはずだ……。

虚偽や悪事は、それを皆がやっていることだからと考えると、とたんにそれに対する倫理的なチェックが低下するものだ。改ざんした図表を載せた論文を同僚や上司に見せたときの反応も「だいじょうぶ、みんなやってんだから……」程度であろうと彼女は想像した可能性がある。というか「そのような指導を受けてきた」、と主張することは、まさにそれを意味している。とするとこの世界には常識なのかもしれない。それにしても「思いもしなかった」とは……。

やはり小保方氏は例外である。それが通常の嘘のレベルを超えていたために、あれほど多くの学者が彼女の言動に惑わされてしまった。しかし彼女の例は、嘘と報酬系の関連を考える上で大きな意味を持っているのである。

第10章　嘘という名の快楽　2――「弱い嘘」つきは人間の本性に根差す

嘘と報酬系の問題について引き続き論じよう。

人の心は知れば知るほどわからなくなっていく。わからないからこそ面白いというところもある。その中でも興味がわくのは、人はなぜ嘘をつくのか、という問題だ。といっても前章の小保方氏の類まれなる嘘ではない。私たち皆が日常的につく嘘である。

もちろんその中には積極的に許される嘘もある。他人を傷つけないための嘘（英語で“white lie”、白い嘘、という表現がある）などは、それをつくことに良心の呵責はあまり伴わないものだ。

はるか昔のことだが、アメリカに住んでいたころ、ある子どもに輸血が必要な非常事態が生じた場に居合わせたことがある。同じ血液型の母親が病院で、「ぜひ自分の血を取ってほしい」と申し出た。アメリカは体重が一定以下だと輸血用の採血をしてくれないという決まりがある。貧血でも起こされたら困るのだろう。そこで母親は輸血係のナースに体重を尋ねられた。彼女はそんなことなど知らず、正直に答えた。「一一八ポンドです」。するとそのナースは、「困りますね、ちょっと足りませんね。」と言った。大切な自分の子どものために どうしても輸血をしてあげたいという母親の心を知っていたナースはこう言ったのだ。「輸血をするには一二〇ポンド以上の体重が必要です。いいですか、もう一度聞きますよ。あなたの体重は何ポンドですか？」母親は答えた。「はい！　一二〇ポンドちょうどです！」「よろしい、では採血の準備に入ります」。母親は幸い輸血後も貧血で倒れることがなかった。手術も無事終わり、関係者はみな満足したのである。これぞホワイトライ！　おそらく世の中はこんなふうに回っている。もちろん体重九〇ポンドを切る女性が一二〇ポンドと虚偽の体重を報告するのは正しい行為ではない。もし一二〇ポンドないとエントリーできない競技があったとして、本当は一一八ポンドの人が、ひとりだけ体重を上乗せして報告するとしたら、それは明らかな不正だ。でもこの母親とナースのやり取りに見られる嘘は大抵の場合許されるだろうし、それで社会にとっては都合がいいというところがある。

いやなことは考えない、という心理

今述べた例は他人を守り、共通の利益を図るための嘘といえる。それは社会通念上許されることが多い。しかし自分の利益のための嘘も、私たちは平気でつく。それも通常は犯罪者とはかけ離れた政治家や学者がつくのだ。人はどうして事実を直視せず、明らかに誤りと思える事柄に固執するのだろうか？　この問題も考えていくうちに、報酬系の問題とのつながりが見えてくるのだ。私たちのつく嘘は、それが報酬系を刺激することで説明できることが実は多い。それが本章のテーマである。

先日テレビを見ていたら、ある政治家が予算委員会か何かで、賄賂を受け取ったかどうかを尋ねられていた。「私はこれまでに不正を一切していません。」それに対して野党の議員がたたみかける。「いや、受け取ったか受け取らないかを聞いているのです」議員は言う。「記憶があいまいです。秘書に確認する……。」「きのうA誌（週刊誌）の記者には、相手との接触を肯定したそうですが？　記事に書いてありますよ」と威勢のいい野党議員は週刊誌の該当ページを開いて振りかざす。疑惑の議員はこう答える。「だから、相手と会食したことはある。それから秘書が何かを受け取ったかもしれない。しかし私は報告を受けていない……。」

聞いていても何とも往生際が悪い感じがするが、その政治家は嘘をつこうとしているのか？　これは否認か？　虚言か？　はたまた解離か？　自己欺瞞か？　それは分からない。それにこのような場合、しばしば本人は嘘をついているという実感がなかったりするから驚きだ。嘘をついているように思える人にはいったいその自覚がどれほどあるのか。それは、実は非常にあいまいであることが多い。

しかしひとつ確実に言えることがある。それはその政治家にとっては、賄賂を受け取ったという記憶を心に置くことはとても苦痛なのだ。できるなら触れたくない。意識に上らせたくない。だから彼は会見を回避する。いっそどこかに逃げ出したい。自分はふと悪い夢を見ているのではないかと思う。ある時は「あれはなかったんだ」という気持ちになる。賄賂は受け取っていないと思える瞬間も確かにあるのだ。しかしまたその記憶は突然戻ってきて、心に痛みを与える。このように「忘れる」ことと情動は深く関係しているようだ。少なくともうれしいこと、誇りに思うことを人は簡単に忘れようとはしないものだ。

するとまた、ごく単純な発想が湧いてくる。ある事実を否認するのは、それを考えることがつらいからであり、否認が快を生むからではないか？　つまり疑惑の政治家にとっては、それが事実に即しているかどうかという判断は二の次なのである。彼の最大の関心事は、「いかにそのことに触れず、他人に触れさせないか」ということであり、各瞬間にどうやってその場を乗り切るかしか頭にないのである。

それにしても上記の政治家の嘘はどれほど異常で病的なのか？　それは分からないが私は小保方氏の嘘よりははるかに頻繁に出会う嘘ではないかと思う。その意味ではかなり「異常」性は低くなってくる。それでも私は政治家がことごとくこの種の嘘をつくとは思いたくない。だから彼らにしばしば見られる嘘、くらいに理解しようか。

しかしこの世には「一般の人は普通に嘘つきである」という学説がある。それを紹介しよう。

人は健康な状態で、本来「弱い嘘」つきであるというアリエリーの主張

社会行動学者ダン・アリエリーは、人がつく嘘や、偽りの行動に興味を持ち、さまざまな実験を試みた。彼の著書『ずる――嘘とごまかしの行動経済学』(3)はその結果についてまとめた興味深い本である。

アリエリーは、従来信じられていたいわゆる『合理的犯罪についての単純なモデル』（Simple Model of Rational Crime, SMORC）を批判的に再検討する。このモデルは、人は自分の置かれた状況を客観的に判断し、それをもとに犯罪を行うかどうかを決めるという考え方である。そこでは行動

は、正しいか誤りかという判断ではなく、損か得か、という判断基準に基づいて決められる。要するにまったく露見する恐れのない犯罪なら、人はそれを自然に犯すであろうと考えるわけである。実はこの種の性悪説、「人間みな結局は多かれ少なかれサイコパス」的な仮説はすでに存在し、それを無批判に信じる人も多かった。

しかしアリエリーの研究グループの行ったさまざまな実験の結果は、SMORCを肯定するものではなかったという。彼は大学生のボランティアを募集して、簡単な計算に回答してもらった。そして計算の正解数に応じた報酬を与えたのである。そのうえで第三者が厳しく正解数をチェックした場合と、自己申告をさせた場合の差を見た。すると第三者がチェックした正解数が平均して「四」であるのに対し、自己申告をさせた場合は平均して「六」と報告され、二つ水増しされていることを発見した。そしてこの傾向は報酬を多くしても変わらず（というよりは、後ろめたさのせいか、虚偽申告する幅はむしろ多少減少し）、また道徳規範を思い起こさせるようなプロセスを組み込むと（たとえば虚偽の申告をしないように、という注意をあらかじめ与える、等）、ごまかしは縮小した。その結果を踏まえてアリエリーは言う。

「人は、自分がそこそこ正直な人間である、という自己イメージを辛うじて保てる水準いっぱいまで嘘をつき、ごまかす」。

そしてこれがむしろ普通の傾向であるという。

つまりこういうことだ。釣りに行くとしよう。そして魚が実際には四尾釣れた場合、人は大きな良心の呵責なく、つまり「自分はおおむね正直者だ」いう自己イメージを崩すことなく、「六尾釣ったのだ」と自慢する（魚籠の中をのぞかれてそこに実際には四尾しか入っていないことを指摘された場合に備えて、二尾は釣った後逃がした、人にあげた、等の言い訳を用意することになろう）。人はそのくらいの嘘をごく普通に、あるいは「平均的に」つくというのだ。

もちろん「四尾」を「六尾」と偽るのは、まさしく虚偽だ。自分は正直である、という考えをもっているであろう多くの人にとって、この事実は矛盾する。しかし人間は普通はその認知の共存に耐えられる。先ほどのSMORCが想定した人間の在り方よりは少しはましかもしれないが、この種の矛盾と共存できる人間の姿を認めるということは、かなり現実的で、私たちを少しがっかりさせる。それが、このアリエリーの研究なのである。

アリエリーの説は結局「人は皆少し嘘つき」であるということであろうが、それをもう少し心理学的な表現を用い、「人間はある程度の自己欺瞞は、持っていて普通（正常）である」と言い換えることが出来よう。これが含むところは大きい。人が真っ正直であろうとした場合、その人はむしろ強迫的な性格にならざるを得ず、病的とさえいえるかもしれないのである。

昔こんなことがあった。アルバイトで勤務していた精神科病棟の主任看護師はオードリー（仮名）という中年の黒人女性だった。彼女はいつもニコリともせず、冗談が通じないとは思っていたが、与えられた仕事はきっちりしていたので、あまり気にしないでいた。ところがある日私がナースステーションにあったボールペンをポケットにしまおうとするのを目ざとく見つけ、「先生、それは病院の備品ですよ」と注意してきたのである。私は最初オードリーが冗談を言っているのだと思い、「そうだね、泥棒になっちゃうね」とおどけて言ったが、オードリーはニコリともせず、大真面目である。

実は私はその日、筆記用具を忘れてきていて、ナースステーションのペン立てに無造作に入っていた安物のボールペンの一本をカルテ記載に使った後、そのまま拝借して別の病院に向かおうとしていたのだ。まだオードリーの大真面目さに気が付かなかった私は「じゃ、貸してもらうということでよろしくね」。ところがオードリーは姿勢を変えない。「ドクター、それはいけません。備品の持ち出しは禁止されています。」私がこの二〇年以上も前のエピソードを、彼女の名前や表情を含めて覚えているのは、彼女の融通の利かなさがあまりにも印象的だったからである。不思議なことであるが、私はオードリーを人生で出会った最も倫理的な人として記憶しているわけではない。むしろこれまでで一番「かわった」人たちの一人として思い出されるのである。

では普通の人たちは、なぜ少しだけごまかすのだろうか？　それはそうすることが快原則に一致するからだ、というのが私の考えである。魚釣りの成果を四尾と言うより六尾と言った方が自慢のしがいがある。財布に千円札が四枚しかないよりも、六枚のほうが良いに決まっているではないか。それと同じだ。あとは嘘をついていることによる良心の呵責がどの程度そのいい気分を損なうかだ。その拮抗点が平均的に十尾でもなく、五尾でもなく、六尾ということだ（ただしこれはアメリカの研究だ。日本人を対象にした研究を行ったなら、かなり違った値が出るかもしれない）。このような嘘を本書では以後「弱い嘘」と呼んでおこう。

話を「盛る」という言い方を最近よく聞く。私たちは友人同士での会話で日常的な出来事を話すとき、結構「盛って」いるものだ。それはむしろ普通の行為と言っていい。「昨日の私の発表、どうだった？」と聞かれれば、「すごく良かった」というだろう。たとえ心の中では「まあまあ良かった」

でも。相手の心を気遣うとそうなるのがふつうであり、このような「盛り」は普通しない方が社会性がないと言われるだろう。礼儀としての「盛り」以外にも、たとえば「昨日すごくびっくりしたことがあった！」などと日常のエピソードを話すときは、たいして驚いた話ではなくても、やや誇張して話すものである。これなどは「弱い嘘」よりさらに弱い「微かな嘘」とでも呼ぶべきだろう。そしてアリエリーの「魚が六尾（本当は四尾）」はその路線上にあるものと考えられる。

ここで賄賂を受け取ったかもしれない政治家の話に戻す。彼の嘘もこの魚の話の延長なのだろうか？　恐らく。そして「秘書が受け取ったかもしれないが報告を受けていない」というのは、「絶対に受け取っていない」と言うよりは良心の呵責が少ないはずだ。また「秘書が……」と「弱い嘘」をつくことは、「ごめんなさい、受け取りました」と頭を下げるよりはるかに快原則に従うのだ。

抑圧という名の魔法は果たして可能なのか？

この政治家の心のプロセスをもう少し探ってみよう。彼が賄賂を受け取ったことを「忘れて」しまうということは起きるだろうか？　もしそうなった場合は「嘘」や「弱い嘘」ではない。本当に「忘れて」しまい、あるいは偽りの記憶で置き換えられるのである。そうなると「賄賂は受け取っていません」と主張する政治家に、基本的には良心の呵責はないことになる。これは一種の魔法のようなものだ。

ただ人の心はそうやすやすと、この魔法を使わせてはくれない。心に置くことが苦痛だからといって、それを記憶から消去してくれるような装置は私たちの心の中には通常は備わっていないのである。

ここで「抑圧」の話をしなくてはならない。ある考えや衝動などを心から追いやることができるのか？　「できる」とフロイトは考えた。フロイトは思い浮かべることが心に痛みを生じる場合、その内容は意識から追い払われ、無意識に留められると考え、それを「抑圧」と呼んだのだ。わかりやすく言えば、思い出すのが嫌なことは、一時的に心から追い出すメカニズムがあると言ったのだ。そしてこの抑圧を生む心の痛みとして、フロイトは幾つかを考えた。それらは「ウンザリ感、恥、罪悪感、不安」であった。要するにさまざまな不快である。

具体例に則して考えよう。ある女性が職場でセクハラを受けた、という例を選びたい。フロイトがこの抑圧が生じる主な原因として考えたのも、性的な内容だったからだ。その女性はセクハラの記憶を思い出すたびに「ウンザリ感、恥、罪悪感」を体験する。つまりセクハラをしてきた上司のことを考えるとウンザリし、またそんなことをされて恥だと思う。また自分にもある程度の原因があったのではないかと思うと、罪の意識も感じるのだ。この恥とか罪の感情は、性的な内容を含んだものに特有かもしれない。それに性的な出来事はどこか隠微で、隠されなくてはならないという気持ちを私たちに生む。それで心の外に追いやる（抑圧する）ことができる、とフロイトは考えたのだ。

精神分析の理論は、この「思い出さないようにする」心の働きとして、さまざまなものを考えた。否認、否定、排除、抑制、解離……とたくさん考案されているが、結局これらは「抑圧」という名前でひとくくりにされると言っていい。「どれも抑圧に似たような心のはたらきだ」とフロイトは考えたのだ。

ただし抑圧により忘れられた記憶は、通常の「忘れてしまう」こととは違う、とフロイトは考えた。なぜならその本体は消えてなくなったわけではなく、無意識という心の別の部分に移ったと考えたからである。無意識とは私たちが思い浮かべることのできるもの以外の膨大な内容を蓄えた心の部分であり、通常はそれを意識化する、つまり思い浮かべることができない。

このフロイトの図式をもう少しわかりやすく表現してみる。意識とはスポットライトを浴びた舞台のようなものだ。舞台上で起きていることが意識されることになる。一方、舞台の袖や舞台裏では別のことが進行している。しかしそこはスポットライトが当たっていず暗いままなので、観客にはそこでの様子が見えない。ここでフロイトは、舞台裏で起きていることはさまざまな形で、「象徴的に」表舞台に影響を与えている、と考えた。

ところでここまで私は「思い出したくないものは、思い出さなくなる」ことを当たり前のことのように書いているが、この問題は実はすごく複雑であることが、最近になりわかってきた。「いやなことを考えたくないので抑圧する」とフロイトはサラッと言ったが、それが果たして可能なのかは、脳科学的にも結論を出すのが難しい。なぜならいやなことは「気になること」でもあり、心はそれを放っておかないかもしれないからだ。私たちにとっては、あるひとつのことを考え続ける、やり続けるというのは比較的シンプルな課題である。心はそこに留まっていればいいのだから。ところがあるひとつのことを全く考えない、というのは決して単純な課題ではない。特に不快な考えの場合は、それが再び心に入り込みそうになると、それを押し出すという努力をする、ということの繰り返しとなる。では、心から押し出すための方法には具体的にどのようなものがあるだろうか？　それを否認するような言葉を発したり、違う証拠となるような理屈を考え続けたり、その不快な事柄を思い出させた人に向かって怒ったりするだろうか。それらは本当に有効なのだろうか？

いわゆるＴＮＴパラダイム

心は不快なことを本当に忘れる力があるのか？　実はこのテーマは簡単なようでいて、とても難しいために、現代の実験心理学ではひとつの独立したテーマでもある。いわゆるＴＮＴ問題（think/not think paradigm、考える・考えないパラダイム）と呼ばれ、多くの研究がなされている。そのうちの一つを紹介しよう。

まず研究に協力してくれる被験者たちを集め、ある事柄に結び付けられた無関係の別の言葉を記憶してもらう。空―靴、城―虹、などというふうにペアでたくさん覚えてもらうのだ。すると「空」と聞いたら、「靴」、と頭に浮かぶようになる。ここまでが第一段階である。そして次にその言葉を与えられたときに、そのいくつかについては、わざと想起しないように指示するのである。たとえば「城」と聞いたら、それが何に対応していたかを思い出さないように、被験者に指示するのだ。これが第二段階だ。そして第三段階としては、その訓練をした結果として、被験者は想起しないように訓練された単語のペアについては、それ以外に比べてより思い出せなくなるのか、それとも変わらないのか、という研究をすることになる。ちなみにこのＴＮＴパラダイムについてはわが国の研究者の業績もある。[32]

さてこの研究の結論としておおむね得られたのは、考えまいと訓練したことは、より多く忘れられていったということだ。フロイトの抑圧の理論はその意味ではおおむね正しかったと言えなくもない。まずはメデタシ、である。ところがこの研究は、忘れようとして被験者がどのように涙ぐましい努力をしているかを同時に描き出したのだ。私はそれを読んでびっくりした。彼らは最初の単語が示されたとき、それに関連したもうひとつの単語を思い出さないようにするために、別のことに意識を集中させたり、最初の単語から連想される別の単語を考えるなりして、つまり無理やりほかのことを考えることで、目標を達成していたのである。しかしこれは果たして私たちが通常考えたくないことに対して行うことなのだろうか？　あまりに不自然な試みだと感じるのは私ばかりではないであろう。

このＴＮＴに関する研究で、もう一つ紹介しておくべき結果がある。スウェーデンのルンド大学のゲルト・ワルトハウザー教授は、被験者に脳波測定装置をつけた状態でこの抑圧の効果を実験したという。そして一連の実験の最後に、脳波記録を確認したところ、被験者が情報を忘れた過程では、記憶の抑圧をつかさどる器官である前頭葉が活発に活動し、それが記憶の検索をつかさどる海馬の活動を停滞させていた。前頭葉が活発になればなるほど、記憶の抑圧がうまくできていたのだ。

このＴＮＴ問題に関する実験が教えてくれるのは次のことだ。私たちは考えたくないことを、そうたやすく心の外に押し出すことはできない。少なくともフロイトが考えたように、心がその考えの内容にギュッと圧力をかけることで、つまり「抑圧」することで意識の外に追い出すような芸当は容易にはできない。その代わりに一生懸命別のことを考えることで、結果的にそのことを考えないという涙ぐましい努力が必要になるのだ。そうして同時に海馬の検索機能を一時的に抑え込むことで、やっと目標を達成していた、というわけである。でもそれはおそらく本当の意味で忘れたことにはならない。自分は「Ａということを思い出さない努力をしている」という意識は残るだろう。先ほどのＴＮＴの例では、「空」と聞いて、それに関連した「アレ」（正解は「靴」であった）を思い出さないようにしていた、という意識や記憶はどうしても残ってしまう。頭隠して尻隠さず。それが思い出すまいとする人間の努力の限界なのだ。そしてその意味では、人間は「弱い嘘」つきのままなのである。

　ちなみに弱い嘘つきである私たちを支えているのは、抑圧ではなければどのような仕組みなのであろうか？　この問題については専門家の間に一定の見解があるわけではないが、実はそれほど難しく考える問題でもないと思う。つまり、それを心においても痛みを感じないからこそ、そこに放置しておけるということだ。「実は魚を四尾しか釣っていないのに六尾釣ったと申告している」という事実は、良心にとって痛くないのだ。「自分はそこそこ正直である」という自覚に抵触しない。「自分は何も一尾を六尾といっているわけではない。四尾は釣っていたのだ。」それでいい。あとは話を盛ることによる快感が勝ってしまう。つまりそれが報酬系の見地からも一番正解なのだ。

　皆さんは心理学の教科書にあった「エビングハウスの忘却曲線」を覚えているだろう。人は出来事や知識を思い出さない（考えない）でおけば、自然と忘れていく。それが私たちの最も自然な忘却の仕方である。「私は話を盛っている」「四尾を六尾と偽っている」という思考は、それを頭に浮かべないことが最も快原則に合致するからこそ、心の中で「放置」され、したがって忘却されていくのだ。

　もちろん四尾を六尾というのは明らかに嘘であり、決して許せない、という人もいるだろう。あるいは先ほど例に出した看護師オードリーだったら、もし自分がそのように話を盛ったとしたら絶対に忘れることができないかもしれない。でも平均的なごく普通の人は、その種の弱い嘘をつくことで人生を送っていく。というよりは、いつもの言い方だが、そのような人が最も生存に適した人として生き残っているのであろう。

この「自然な忘却」については、次章の「自己欺瞞」についての議論でもう一度登場する。

第11章　自己欺瞞と報酬系の問題

「自己欺瞞」の心理

本章では、前章で論じた「弱い嘘つき」と類似してはいるが、本質的に異なる現象を論じたい。それは「自己欺瞞」である。自己欺瞞と嘘とどこが違うかといわれると、おそらく明確な線引きはないのだろう。しかし嘘が、通常嘘をついているという認識を伴うのに対して、自己欺瞞の場合は、その意識が非常に薄かったり、なかったりする。いうならば、自己欺瞞は「自分が自分に嘘をついている」、自分を偽っている、という状態といえるだろう。ちょっとヤヤコシイ話だが、お付き合いいただきたい。

自己欺瞞は、実存哲学者ジャン - ポール・サルトルがしきりに問題にしたテーマである。自己欺瞞とは、フランス語で mauvaise fois（モベズフォア）といい、それを英語に訳すと bad faith となる。これは日本語では「よろしくない心がけ」といったところだ。そしてサルトルは人間にとって自己欺瞞は本質的なあり方であるという。私はそれに賛成したい。自己欺瞞は以下に示すとおり、快原則ととても相性がいいのである。

サルトルの言う自己欺瞞の意味するところは、社会的なプレッシャーにより、自分の内側から出てくる自由や心から信じる行為を捨てて、誤った価値観を持つこと、とされる。もう少しわかりやすく言えば、「自分を偽る」、ということだ。Aという思考や感情を持っていることをどこかで漠然と自覚しているはずながら、自分自身をも欺きそれを持っていないと思い込ませるのだ。

本書は哲学書ではないから、サルトルからは離れて自己欺瞞は「自分自身に嘘をつくこと」という理解を前提に議論しよう。まず明らかになるのは、自己欺瞞は、虚偽、嘘、とも違うということだ。虚偽や嘘は自分が他人に対して嘘をついているという自覚がある。つまりAの存在を自分自身には認めているのだ。たとえば、前章で扱った「弱い嘘」では、釣った魚が実際には四尾だけであったことを本人は知っている、というように。ところが自己欺瞞はそれがあいまいになっている。おそらく四尾だった、ということは心のどこかにあるのかもしれない。しかし同時に、六尾だったのだ、と自分に対しても周囲に対しても言うのだ。だから自分にも嘘をついている、というわけである。ちなみにこの自己欺瞞とは、心の理論の代表格である精神分析理論には出てこない。サルトルの実存主義とフロイトの精神分析は相性がよくなかったのだ。しかし実際には自己欺瞞は分析で言うところの「否認」に類似するものと考えることができるだろう。

さてこの自己欺瞞の問題がどうして報酬系と関係するかと言えば、これもまた結局は自己中心性、自己愛傾向、他人を利用して自己を利するという問題と複雑に絡んでいるからである。わかりやすく言えば、自己欺瞞もまた、私たちの多くに心地よさをもたらすのであり、だからこそ私たちはこれを捨て去ることができないのである。でも明確な嘘と違い、自己欺瞞は非常に微妙な、目に見えない形で生じる。ひょっとしたらすべての人間が、多かれ少なかれ自己欺瞞を抱え、またそれを自分も知らず、他人にも明確な形では露見せずに済まされている。その意味では自己欺瞞こそが万人に共通した問題であり、そして一番論じるのが難しい問題なのだ。哲学者サルトルをもってして初めてクローズアップされた問題といえるだろう。ただし自己欺瞞はおそらくそれを行っている周囲の人に、「あの人は何かおかしい」「理由は分からないが、どうも信用できない」という漠然とした感覚を抱かせるかもしれない。そう、自己欺瞞の存在は周囲の人間により、それこそ動物的な勘でその存在が気付かれるものなのだ。

自己欺瞞と分離脳

自己欺瞞についてさらに論じるうえで、ある興味深い精神医学的な事実を紹介しよう。脳科学に興味のある精神科医たちにとっては常識ともいえる話だ。私達の脳は右半球と左半球に分かれており、脳梁というかけ橋でつながっている。そして時々精神医学的な理由から、この両方の半球の間の架け橋を切断する必要が生じる。このように聞けば不思議な印象を持つかもしれないが、脳の組織はその多くが左右に一対ずつあり、言わば左右対称の器官なのである。もちろんそれを束ねた形で脊髄につながっていくのであるが、それぞれに血液が還流しているので、架け橋の部分を切り離しても大量出血することはない。そして驚くべきことに、それで気を失ったりすることはないのだ。そしてさらに驚くのは、左右に切り離された脳は、独自の心を示すことになる。これを「分離脳」といい、この事実が発見された一九六〇年代は大変なインパクトを与えた。

さて興味深いのは、分離脳状態にある右脳、左脳は独自の仕方で外界と情報をやり取りし、意思伝達をすることができるということだ。たとえば分離脳の患者の右脳に「立って歩きまわるように」と指示し、今度は左脳に「何をしているのか？」と尋ねる。すると患者は、「飲み物を取りに行くところだ」、などと即答するのである。

ここで読者は、どうやって右脳と左脳に別々に指示を与えたり質問ができたりするのか疑問をお持ちだろう。ごく簡単に説明するならば、脳は、右半球は体の左半分を支配し、左半球はその逆、という役割分担を行っている。ただしその間をつなぐ脳梁によりたちまち情報は統合されて、「あ、これは右半球由来の情報で、あれは左半球だ」と区別することはない。これはステレオで音楽を聴く場合に、左右の耳から別々の音が聞こえてきて、それが混ざっているという実感をほとんど与えないのと同じだ。そしてステレオはモノラルで聞くよりずっと奥行きが感じられる。それは右耳と左耳から別々の情報が入って、統合されるプロセスで、立体感が生じるからだ。その意味で情報が初期の段階でステレオで入力され、それから統合されるという仕組みには意味があるのであろう（同様のことは視覚における立体視についても言える。ただし視覚は、実は視野によって両側性に脳で処理されるために、少し話は厄介になるが）。

この「飲み物を取りに行く」と即答する男性に戻ろう。彼は自分の行動の根拠を聞かれ、それが明確でないことを知るや否や、すぐさま取り繕ったことになる。本当は自分がどうして立ち歩いているかわからないはずなのに、次の瞬間にはそれを合理的に説明したわけである。

さてこの男性ははたして嘘をついているのだろうか？　この問いに答えるために、私たちの脳が常に行っている可能性のある働きについて考えよう。私たちの脳が正常に機能している場合、日常生活において二つのことが常に起きている可能性がある。一つはある種の自動的で無反省的な思考や言動であり、これは右脳が主として司っている。そこで快原則に従った、つまりある種の快適さを生んだり苦痛を回避したりするものが選択されるのだ。そしてもうひとつはそれを理由づける理性的な思考や言動であり、これには左脳の働きが深く関与している。

もちろん左右脳はつながっているから、左右脳の働きはたちまち互いに伝達され、統合や調整が行われる。その結果いかに快に繋がる行動でも、それを正当化できそうもないならば、その遂行を遅らせたり諦めたりする、などのことが生じる。ところが分離脳の場合は、左右脳の情報交換や妥協形成が生じないために、左右脳の食い違いが見事に表れてしまうのである。

先ほどの問いに戻ろう。歩きまわった男性は嘘をついていたのか？　おそらくそうは言えないだろう。嘘というにはあまりに自然にかつ迅速に自分の行動の理由を作り上げ、悪びれる様子を示さない。それは左脳の役割であり、常に行っている仕事なのだ。彼は嘘をついているという自覚はない。あえて言えば「脳が嘘をついている」のだ。「自分が自分にうそをついている」という私の言い方は、それを比喩的に表現したのである。そして何よりもこのような左脳の役割が、快原則にかなっているということが重要なのである。

歩きまわった男の場合、右脳は「立って歩きまわるように」という指令に従った行動を起こしたのだ。それに対して彼の体は無反省に自動的に動き、それに抵抗することは苦痛を生んだのだろう。自動的に動き出している行動は（強迫的な行動を除けば）基本的には緩やかな快を生み、それを阻止することは不安や苦痛を生むものだ。その意味ではその行動は快原則に従ったものであろう。そしてこのことは、私たちの行動が第一に快楽の追及、ないしは不快の回避を意図され、脳の別の部分はそれをいかに正当化し、合理化し、首尾よく遂行するかに腐心している、ということを表しているのだ。

私が別書『脳科学と心の臨床』(36)で論じたように、右脳は快原則に従った行動へと向かう傾向にある。右脳は「気まぐれなイノベーター（変革者）」である。その時その時に欲した方向に行くように自ら自身を仕向けるのだ。それとは異なり左脳は「論理的に疑い、理由付けをする」脳である。両者の方向性は逆なのだ。そしておそらく両方の傾向は常に綱引きをしている。ちょうどステレオサウンドを聞くように、脳は両方の傾向を聞き、統合しているのである。もちろん実際に人間の心がそのような動きを見せているかはわからない。しかし分離脳の実験はそのような仮説を抱かせるのである。

このように考えると、嘘や自己欺瞞はまさに左脳により生み出されるということになる。問題は、脳全体、つまり右脳、左脳の連合体が、左脳のでっちあげを知っているか、ということなのだ。分離脳の場合は、左脳は自分がでっちあげをしているということを全く知らないようだ。くりかえすが、彼は高速で言い訳をした後、悪びれる様子がないからだ（実は同様の現象は、右半球の脳梗塞によって生じる「反側否認」にも見られる。左半身が麻痺していることを、言語脳（左脳）は途方もない作話や言い訳により否定するのである。これも悪びれる様子はまったくない）。しかし実際の脳は左右が脳梁でつながっているから、左右の情報の行き来は常に起きている。そのためより高度な脳の機能、つまり自己反省や内省が行えるはずであろう。しかしそれでも左脳のでっち上げをどの程度意識化しているかについては怪しい話だ。

繰り返すが、自己欺瞞という言葉からわかるとおり、これは自分で自分を欺いている状態である。そして自己欺瞞の話の関連で分離脳の話を出したのにはわけがあった。分離脳の状態では、通常は左脳は本気で「飲み物をとりにいこうとしている」と信じていることが知られている。だから分離脳は自己欺瞞脳でもあるのだ。

自分で自分に嘘をつく、ということはどういう状態だろうか？　「弱い嘘」のことを思い出そう。魚を釣りに赴き、実際は四尾釣ったのに、六尾だという、あれだ。「軽い」なりに嘘だから、本人は「本当は四尾」だということを知っている。だから「あなたと一緒に釣りをした人に聞いたが、あなたは四尾しか釣れなかったと証言しましたよ」などといわれると、すぐにシドロモドロになり、嘘がバレてしまう。その危険を十分に自覚しているのだ。

ところがここに、ある自己欺瞞を用いる釣り人が登場する。そして四尾しか釣らなかったのに六尾釣ったということを、自分に信じこませてしまう。彼は不思議なことに、嘘をついたという自覚がない。彼は頭の中で四尾をさっと六尾に置き換えて、平気なのである。彼は自分自身に嘘をついてしまう。もし証言者がいて四尾しか釣れなかったのを見た、といわれると、彼はきっとこういうのである。「その証拠写真は細工がしてあると考えるしかない。コラージュだ。」コラージュだと言い張る人は嘘をついているのだろうか？　そうではない。嘘の内容を信じるのだ。自己欺瞞とは自分に嘘をつくことといったが、嘘をついた自分は姿を消している。そして嘘をつかれた自分の方がその嘘を信じるのだ。そして事実の方が間違っているにちがいない、という結論に至るのである。

自己欺瞞を支える「自然な忘却」という機制

自己欺瞞を支えるのは何か？　どうして四尾しか釣っていなかったことを忘れることができるのだろうか？　私の考えを示そう。

まずこのような形での「忘却」は、抑圧、すなわち忘れよう、忘れようと意図的な努力を行うのとは違い、極めて容易で、受け身的であることがわかる。私が前章で「自然な忘却」と呼んだプロセスは、自己欺瞞においては一層鮮明な形で生じる。前者の抑圧による忘却は力で意識の外に押しやる運動。後者の「自然な忘却」はむしろ力を抜くこと。前者はほうっておけば舞台にせり出してくる思考を無理やり舞台裏に押し込む作業。後者はほうっておけば舞台裏に引っ込んでいく思考をそのままにしておくこと。フロイトの用語を使えば、前者は逆備給すなわち意識野にせり出そうとする力を持つ思考であり、後者はそれを持たずに自然に前意識、または無意識に沈んで行き、そこにとどまろうとする思考。前者については、それが意識という舞台に登場することで苦痛を呼び起こすという、極めて快楽主義的な原則が働く。そしてそれが舞台裏に押しやられることで罪悪感や恥辱などを伴う際にのみ、逆備給を獲得する。前者は水中に沈めた風船のように浮かび上がろうとするもの。後者は（最初に入っていたはずの）空気が抜けてしまい、風船そのものの重さもあり、浮かび上がってくる力を失った、しぼんだ風船のようなものなのだ。

実は哲学者サルトルも、これと似たような説明をしているのを発見して、私は心強く思った。ということでサルトルに立ち戻ろう。

自己欺瞞を哲学的に表現すると、実はとても難解である。それはたとえば次のようなものとされている。「対自が即自化された自己を進んで受け入れ、しかもなお自分を対自とみなすような態度」(41)。

ここに次のような説明が入ればわかりやすいかと思い、考えてみた。人間とは自由であることを運命づけられている。人間には自由であること以外の存在の仕方はできない。しかし同時に自由は「不安」と表裏一体である。たとえば厳かな式典で突然叫び出す自由を自分は持っている。それは実に不安や恐怖を掻き立てる。自分がその自由を行使して叫びだしたら、周囲の人々から一斉に怪訝の目を向けられるかもしれないのだ。自由は責任や不安と表裏一体なのだ。だから人はその不安を避けるために自由を放棄することがある。たとえば人前では礼儀正しくふるまい、決して規範を犯すようなことはしない存在。そうしようと決め込んでしまう。これは安全かもしれないが、自分の自由を殺している状態でもある。本来の対自的な存在ではなくて、即自的な存在に成り下がることになる。道端の石ころとか、机の上のペンのように、おとなしい聴衆の一員に過ぎなくなってしまう。しかしそれでいて自分は対自存在、すなわち自分に向き合い、自由を受け入れる存在と思い込む。それが自己欺瞞だというわけだ。

『存在と無』には、こんな例が出てくる。ある男がぶどうの房に手を伸ばすが、あいにく届かなかった。男は言う。「フン、どうせまだ青すぎておいしくないぶどうに決まっている。」イソップの「すっぱいぶどう」の話である。ここにある自己欺瞞がわかるだろうか。ぶどうに手を伸ばすという自由の行使は、期待はずれという苦痛を伴う可能性を前提としている。自由を行使する人間は不安や苦痛と向き合わなくてはならない。ところがぶどうが手に届かないとわかると、自分がぶどうを取らないという自由を最初から行使したかのごとく振舞う。

では自己欺瞞は糾弾され、否定されるべきことなのだろうか？　実は人間は自由であると同時に、本来自己欺瞞的でもある。それは私がすでに書いたように、ほうっておいたらそちらに沈み込むような性質を持っている。サルトルも『存在と無』(39)（ちくま学芸文庫）で次のような驚くべき記載をしている。

　われわれは、眠りにおちいるような具合に自己欺瞞におちいるのであり、夢みるような具合に自己欺瞞的であるのである。ひとたびかかるあり方が実現されると、そこからぬけ出すことは眼をさますのが困難であると同様に、困難である。それは、自己欺瞞が夢またはうつつと同様に、世界のなかの一つの存在形態であるからである。（二二三頁）

自己欺瞞は勝者のあかし？

このように自己欺瞞を「自然な忘却」、すなわち「心から自然に消えるに任せる」という働きから説明した場合、やはりそれにも人によって巧拙が考えられる。わかりやすく言えば、自己欺瞞的な人は、この「技」に長けているのである。それを支持するとても興味深い説を唱えている人がいることを紹介しておきたい。ウィリアム・フォン・ヒッペルと進化生物学者ロバート・トリヴァースの論文だ。(12)(44) 彼らによれば、自己欺瞞の能力は他人にそれと見破られる可能性を排除するために進化したという。

わかりやすく言えばこんなことだ。人は嘘をつくとき、それを嘘と知っている場合にはそれが態度に出てしまう。だからその嘘の内容を信じ込むことが適応的というわけだ。普通の人が無理をして真実と異なることを主張したとしよう。それが虚偽であることは誰の目にも明らかである。しかしその適応的な人にとってはいつの間にか、それが真実と感じられてしまう。著者たちはここで本書の中心テーマである報酬系にとっても重要な点を指摘する。それは自己欺瞞は意図的に嘘をつくことによる多大な労作を軽減してくれるということだ。その労作には罪悪感に関連した心的ストレスや、嘘をつき続けるために必要な認知プロセスも含まれるだろう。簡単に言えば人は自己欺瞞により心の省エネをするのだ。その意味で自己欺瞞は快感に通じている。そしておそらく虚偽を真実にすり替えることは、脳科学的にはさほど難しいことではないのだろう。だからいわゆる偽りの記憶、という現象も存在する。コーバリスの記載によれば、(12) 偽りの記憶の権威であるエリザベス・ロフタスは、彼女自身が見たはずのない母親の死体の様子をまざまざと回想することができるという。またジャン・ピアジェは、四歳の頃、目の前で暴行を受けた乳母の顔を思い出すことができ（その事件は後に乳母の狂言だとわかった）、ヒラリー・クリントンはボスニアを訪問したときに狙撃を受けそうになったという記憶について語るが、いずれも実際にはそのような事実はなかったとのことである（すべてコーバリスの著書に挙げられた例である）。

第12章　自己欺瞞の何が問題なのか？

本章は前章の付録のようなものである。自己欺瞞の何が問題なのかを、ここで改めて考えてみたい。自己欺瞞はまず周囲に害毒を及ぼすことが多いのが問題だ。自己欺瞞は多くの場合、自分を利するために用いられる。しかもその自覚が薄いから始末に悪い。場合によっては「人のため」にやっていると本人が思い込んでいるのだ。その場合、たとえば「お母さんは、あなた（娘）のためを思って言っているのよ」的な言葉が用いられるだろう。そして相手も一瞬そのように思う。「そうか、私のためを思って言ってくれているのだ。それに反発する私がいけないのだ……。」しかしふと、「本当だろうか？」という気持ちが起きる。直観的にそこに自己欺瞞を感じ取るのであろう。しかしそれを捉えて攻撃することができない。それが本当は利己的な行為であるという決定的な証拠などどこにもない。だからこそ自己欺瞞は生じ続け、周囲もその犠牲になる。しかしさすがにそのような人は次第に周囲から遠ざけられる。「この人といても利用されるばかりだ。アブナイアブナイ」となっていくのである。

ここからはいくつかの事例を挙げて、自己欺瞞の具体的な生じ方や周囲への影響の及ぼし方を考える。

自己欺瞞の実例①

あなたが友人からメールを貰う。「今少し困っていることがあるんだけれど、時間を取ってくれない？　今直接会えませんか？」あなたはこう返す。「ごめんね、今日少し頭痛がして、しんどいから、無理。」本当はあの人には会いたくない。それに頭が重いのも確かだ。でも本当に具合が悪いから会えないのかと言えば、分からない。とりあえずあなたは「具合が悪いという正当な理由で会えないのだ。別に悪いことではない」と自分を納得させる。あなたは本当は友人に会いたくなかった。それを体調のせいにした。つまり自分に嘘をついたのである。ちなみにその友人は、あなたの断りの返事のメールに、「いつもの彼女らしい返し方だな」、と思うかもしれない。いざとなった時に助けてくれない人だ、という判断を下すかもしれないのだ。このように自己欺瞞の存在はしばしば他人により気づかれるのだ。

自己欺瞞が発生しやすいのはこういう時で、「自分はAである。だからBである」という理由づけのうち、Aが主観的であいまいな場合である。忙しい、具合が悪い、時間がない、など皆そうである。魚の例で言えば、四尾が六尾になるのは目に見える変化だ。デジタル的だからだ。でもさっきチラッと見た水槽に何尾くらいの魚がいたか、となると、記憶は「四、五尾？　六尾？」などとたちまちアナログになってしまう。釣りに行ったのが一年前だった場合、その成果を申告する際も同じことが起きる。四尾のような気がするが、六尾である可能性もないわけではない……。自分がことさら話を盛っているのかどうかということが、自分にも分らない。すると自分が話を盛っているか否か、が不明になり、「六尾釣った！」という証言はより罪悪感を伴わなくなる。

自己欺瞞の実例②

秀逸な漫画『母がしんどい』(41)（田房永子）に出てきた例をここで紹介しよう。

ある母親が娘にピアノを習わせようと思う。近所のママ友が、娘にピアノを習わせ始めたと聞いて、「自分の娘もぜひ！」と思っているうちに、いつの間にか「娘は当然ピアノを習いたいと思っている」と思い始めたのだ。さっそく近くの某ピアノ教室に電話をして、段取りをつけてしまう。そして娘に宣言する。「来週の月曜日、ピアノ教室に行くわよ！」最初娘は、例によって急に決められてしまった話に驚く。「習うのは私なのに。ママっていつも勝手に決めるんだから。この間のバレーのときもそうだったし。」でもまんざらでもない気もする。面白そうだし、友達の話を聞いて、自分もやってみたいと思っていたし。そこで取りあえずは出かけてみる。そして最初は簡単でついて行けそうなので、契約をし、三回ほど通ってみた。しかしもともとコツコツ練習するタイプではない。取り立てて音楽の才能もないから、そのうち飽きて、行き渋るようになる。すると母親は言うのである。「あんたが習いたいって言ったんじゃない！　高いお金も払ったのに、なんてわがままなの！」娘は、何かがおかしいと思うのだが、反論できない。

これも自己欺瞞の例だ。そしてこの種の自己欺瞞は親子で何度となく発揮され、時には娘に深刻な病理を生み出す可能性がある。

さて問題は「娘にピアノを習わせたい」がいつの間にか、「娘が初めからピアノを習いたがった」になるプロセスである。

ちなみにこの例は、母親が自己欺瞞的であり、娘はその犠牲者である、というふうには単純に割り切れないことも付け加えておこう。娘はどこかの時点で「お母さん、私、ピアノをやりたい」と意思表示をしている可能性がある。母親は最初は自分が誘ったという自覚があっても、この時点で娘の自主的な意思表示を受けた、と考えるかもしれない。そして母親に「あなたが最終的に自分で決めたんじゃないの？」といわれた娘が次のように言うとしたらどうだろう？

「私はお母さんに、『ピアノをやりたい』と言わせられたの。お母さんを傷つけたくないと思ったから、そう言ってあげたの。お母さんはいつも私の本当の気持ちを無視して、私にやらせたいことをそれとなく知らせてくるの。私が『いや』、と言えない性格なことを知っていて、いつの間にか私にやらせたいことを、私が自分からやりたいと言うように仕向けるの。なんてずるい人なの？」

ここを読んで「ある、ある」と思う人が、十人に一人くらいはいないだろうか？　このように、母親が自己欺瞞であると同時に、娘の方にも同様の傾向があることが少なくないのだ。母‐成人娘間のミスコミュニケーションは大体そのような問題を、多かれ少なかれ、はらんでいるものである。ただしそこでやはり最初の段階で強い威力を発揮するのは、もちろん母親の方なのである。

ここでの母親の自己欺瞞は、自分がピアノを娘に習わせたかったが、それを「娘が本来そうしたかった」にすり替え、そのことを「見て見ない」という傾向だ。

自己欺瞞の実例③

ある会社の部署で、ワンマン社長の肝いりで企画を立ち上げることになった。その部署では、リーダー格のAさんが、まだ年若い部下のBさんに言う。「君がこの企画のプロジェクトのリーダーになってやってごらん。君は将来有望だし、これをいい機会にして、リーダーシップを発揮してみてはどうだい？　困ったことがあったら僕が助け舟を出すから、大船に乗ったつもりでね。」Bさんはそう言われてまんざら悪い気はしない。Aさんのことは前から頼りがいのある上司だと思っていた。そこでさっそくほかの部下を集めてプロジェクトを立ち上げる。

しかしそれがある程度進んだところで、一つ問題が生じた。社長の指令で始まったこの企画がある程度進行した時点で、途中経過を社長に伝えたところ、思わぬダメ出しが出た。その企画の進行状況が社長の意に沿わないという。しかしそれは最初の社長の指令（といっても簡単なものだったが）から読み取れるものに従ったのであり、むしろ社長の伝えてくる方針の真意を社長自身に問いただすべきだということになった。そこでBさんはAさんに相談する。「Aさん、この件について、社長に問い合わせていただけませんか？　プロジェクトはある程度進行しています。社長の真意を確かめたいのですが、私には畏れ多いのです。直接連絡をできる立場にありません。」ところがそれを聞いたAさんはこう言い放ったのである。

「B君。あくまでも君のプロジェクトだよ。キミ自身が社長に連絡をしたまえ。」Bさんははしごを外された感じがする。「いざとなったら助け舟を出してくれる、と言ったのに。」そのうちこんなうわさが聞こえてくる。「Aさんはもともと社長が苦手で、だからBさんを鍛える、などと言いながら、直接社長と対決することを避けたらしい。いかにもAさんのやりそうなことだ……。」そのうわさをたまたま耳にしたAさんは激怒したという。「Bを育てたいという私の意図を誰かが捻じ曲げて勘ぐっているらしい!!」しかしそれでもAさんは直接社長と話しをしようとしなかった……。

ここでのAさんの自己欺瞞は、自分はBさんを鍛えるということを口実に、社長との直接対決を避けていて、そのこと自体を「見て見ない」ということにある。

自己欺瞞の実例④

ある五〇代の母親が、二〇代後半の息子の引きこもりに悩む。といっても彼は自宅に引きこもっているのではなく、自身のアパートから出られない状態だ。二年前にようやく生活保護を受けてアパートを借りるというところまで行った。母親は大学を出て会社勤務を数か月しただけで出社拒否になった息子の将来を誰よりも気にかけている。今は学生時代の友達ともすっかり遠ざかり、寂しい思いをしつつゲーム三昧の毎日を送っている。母親は「私や夫が死んだあとは、彼を世話する人はいるのだろうか?」と危惧する。

そんなある日、息子あての葉書が舞い込む。どうやら息子の高校時代の同級生のようだ。「〇〇君

（息子の名前）お久しぶり。この間高校の同窓会であなたの話になりました。急に懐かしくなりましたが、あいにく住所しかわかりません。まだ同じところに住んでいるかと思い、葉書を出します。もしよろしかったらメールでもお返事をいただけますか？」母親はそこに書かれた女性の名前を何となく憶えている。まだ社交的だった高校時代の息子が、そのころ友達付き合いをしていたクラスメートの女性だ。一度写真を見せてもらったことがあるが、愛らしくて素敵な女性だと感じるとともに、強烈な不安と嫉妬を感じた。息子からは特に深い関係ではないと聞いてほっとしたし、実際そうだったのだろう。だから電話番号も知らなかったのだ。でも自宅の住所だけは探り当てたらしい。母親は少し考えた末に、その葉書を破り捨てる。「一人ぼっちの息子にとってはこの葉書はうれしいかもしれない。でも彼に一番大事なのは、まずは仕事を見つけて独り立ちをすること。異性に興味を持っている場合じゃないわ。」息子にはもちろんこの葉書のことは伝えないつもりだ。そしてつぶやく。「こうするのも彼のためを思ってだわ。」

この場合、母親の自己欺瞞は、息子にこの葉書を届けたくない真の理由が、「息子の独立を一刻も早く願うから」であると信じ、「息子をこの若い女性に奪われたくないから」という隠された理由を押し殺している点にある。

以上、自己欺瞞が生じていると考えられる事例を紹介した。これらの例に共通しているのは何か？　彼らの心は本当の理由をおし隠している。①では本当は会いたくないのに、体調のせいにしていること。②では本当は自分が娘にピアノを習わせたかったのに、娘がそれを積極的に望んだから、と言うこと。③ではAさんがBさんを鍛えるため、と言いながら本当は自分が社長と対決することを回避していること。④は母親が息子に仕事探しに専念してほしいから、という口実で、実は自分の嫉妬心から、息子と女性の付き合いの芽を摘んでしまったこと。

いずれの場合も、自分が嘘をついているという明確な自覚があるとしたら、自己欺瞞ではない。単なる嘘つき、ないしは操作的な人間ということになる。ただしこの種の嘘は、「弱い嘘」として、程度の差こそあれ、誰もが経験のあることだということは、すでに検討した通りである。問題はその嘘を彼らがあいまいな形でしか自覚していないことである。彼らは常に口実を用意している。それを意識化することで、もうそれを考えないようにしている。

もしこの状態が、ある事実や可能性が意識の舞台のそでにあっても見ないふりをする、そんな感じだとしたら、おそらくこれは精神分析でいうところの「否認」や「抑制」という機制が働いている。そしてここには一種の罪悪感が伴ってもおかしくない。見ないふりをしていた事実が一瞬視界に入った時に、その罪悪感が生じることになる。するとこれを代償するように、相手に接近し、ご機嫌を取ることになるだろう。①ならこちらから誘いかける。②なら子どもに対してことさら愛情を注いでいるそぶりを見せる。田房永子さんの漫画（『母がしんどい』）ではまさにそうだった。③ならBを飲みに誘う、「やはり君は頼れる部下だよ」などとお世辞を言う。④だったら母親は息子に、わざとらしく見合いの話を持ってくるかもしれない。

どれも特徴的な気がする。自己欺瞞の人の典型は、このような代償行為を行うことだ。それは彼らがあるレベルで自分に嘘をついていることを漠然と感じており、それによる後ろめたさを感じている証拠になる。彼らの代償行為は、それがばれそうになった時に一生懸命自分を、そして相手をだます手段である。こうすることで彼らは他者との関係を維持することになる。さもなければ誰も彼らに近付かなくなってしまうからだ。そう、自己欺瞞人間の周りでは、周囲はたいてい彼らに混乱させられ、辟易しているはずなのだ。

最後にくり返しておこう。自己欺瞞は大部分の私たちにとって習い性となっている。たとえば運動をする、ダイエットをする、と決心した人が三日坊主に終わる時、さっそくこの自己欺瞞が発揮される。三日間続けたジョギングを四日目にサボる時、私たちは自分にどのような言い訳をするか。「自分はこのままメタボでいたら、多くのもの（健康、人からの評価、自尊心）を失ってしまう」という思考は、おそらくジョギングを始めた頃よりはインパクトを失っている。テレビで見た当座はインパクトを受けても、次々と別の番組を見ているのだ。あるいはより安楽を求める心が強くなり、「運動すべし！」という思考は容易に舞台裏に押しやられる存在になっていく。もうそのことは考えなくなるのである。それがすでに述べた、「自然に心から消えるに任せる」という仕組みである。そしてそのかわりに、ひとりつぶやくのである。「私とジョギングとの間に本当の意味での出会いはなかったということだわ。」私もこれまで何度この種の自己欺瞞に陥ったかわからない。しかしそれを自覚したのはその後だいぶ経ってからである。

第13章　報酬系と集団での不正の問題

本章は第9～11章の応用問題である。たびたびニュースで話題となる、企業や団体の不正の問題。これをどのように考えるべきか。これは嘘や自己欺瞞とはどこが違うのだろうか？　そして報酬系とはどのように関係しているのだろうか？

人間社会はよほど不正が好きと見える。最近もM自動車が会社ぐるみで二〇年以上にもわたり燃費に関するデータの不正な操作を行っていたことが話題になった。この不正の問題は、組織全体がそれを共有し、かつ維持していたという点において、これまで私たちが考えてきた「弱い嘘」や自己欺瞞とは問題の性質が違う。

このような問題に対する私たちの反応は極めて画一的でパターン化しているといわざるを得ない。「こうした不正は許されることではない。」「その企業に自浄作用がないことが問題だ。」もちろんその通りである。どのテレビのキャスターもそれしか言わない。

他方個人のレベルの反応には少し違いがあるだろう。テレビのキャスターに同一化した、「とんでもない話だ」という反応の一方では、「これ、起きちゃうんだよねえ」という反応もあろう。不正はおそらく大部分の組織において、ある程度は起きるべくして起きてしまうというのが私の見方である。私たちの多くが何らかの組織に属している以上、その不正を起こすメンタリティにも親和性があるのだ。組織での不正は決して他人事ではない。それは端的にいって、不正を行うことがそこに属する多くの人たちにとって快原則に従うからである。この報酬系からのささやきかけに抗うことは容易ではない。

ところで、私たちは自分とは無関係な組織が起こした不正については、それを聞いただけで「とんでもないことだ」という反応をしがちである。これは興味深いことだ。私たちの多くが何らかの組織に属し、そこですでに不正が行われていて、場合によっては自分もある程度関わっているのに、どうしてその私たちが他人の不正についてはそれを許せないと思うのだろうか？　それは自分たちの不正に関しては、そこには特別な事情があり、やむをえなかった、と考え、罪悪感があまり起きないからである。この罪悪感の麻痺があるからこそ、組織の不正はなくならないのである。

具体例を示さなくてはならない。M自動車と限定をすることなく、ある自動車会社で起きることが想像される次のような社員同士の会話について考える。

上司：「また政府が厳しい燃費の水準を示してきた。リットルあたりXキロ以上にしろというんだ。でもわが社はどうがんばってもXマイナス2キロが精一杯だ。」

部下：「困りましたね。最近ライバルのA社が、その基準をクリアする車を開発したと発表しました。リットル当たりXプラス1キロを達成したといいます。」

上司：「何？　それは困った。キミ、ど、ど、どうにかならないのか？」
部下：「ど、ど、どうにか、と言われても……。」
上司：「もしA社がその車を発売したら、わが社の車は、まったく競争力がなくなるぞ。売り上げゼロだ。わが社が生き残るためには、Xプラス3キロを達成しなければならない。」
部下：「しなければならない、と言ってもこれ以上車の改善をすることは、今のペースではほぼ不可能です。」
上司：「とにかく燃費データを、リットルあたりXプラス2キロ達成したことにするのだ。」
部下：「えっ、おっしゃっている意味が……。そ、そんなことをしていいんですか……。それじゃ不正データを使用したことで、罪に問われてしまいますよ。」
上司：「君はわかっていないな。そもそもA社のデータの発表、キミはそのまま信じるのか？」
部下：「A社も不正データというわけですか？」
上司：「もちろん確証はない。でもA社の二年前の発表は、リットルあたりXマイナス3キロだった。こんな短期間に、政府の基準を満たせるようになると思うか？」
部下：「確かに、そうですね……」
上司：「企業間の競争とはそんなものだ。みんな実際のデータを出しているかは怪しい。それでいいのだ。」
部下：「でも、誰が不正に手を染めるのですか？……」
上司：「いいか、不正は起きないのだ。誰も『リットルあたりXプラス2キロ』というデータがどこから来たかはわからないことにするのだ。キミも知らない。俺も知らない。この会話も起きていなかったのだ……」

部下：「本当に大丈夫なのでしょうか……」

上司：「いいか、この会話はここまでだ。『リットルXプラス2キロ達成』という発表をしなければ、わが社は車がとたんに売れなくなる。すると会社は事実上倒産だ。たくさんの社員やその家族が路頭に迷う。キミだってそのひとりだ。その意味ではこのデータを示すか否かが多くの人々の生活を左右するのだ。キミにそれだけの人々を犠牲にするだけの勇気はあるのか？」

部下：「……。」

上司：「まだわかっていないようだな。いいか、これは企業間の申し合わせのようなものだ。もっと言えば政府もそこに加わっていると考えていい。彼らも実は燃費が実際にそこまで高くなることなど無理だということを、どこかで知っているのだ。でも彼らにも、この燃費の達成目標を提示する、それなりの事情があるのだ……。彼らにもまたそれなりの達成目標があるのだから。俺も二〇年前にこの業界に入ったときは信じられなかった。でも今では開き直っている。そういうものだと思っている。それに考えてみろ。『わが社はリットルあたりXプラス2キロを達成』ということで、誰か人が死んだり犠牲になったりするのか？　実際に誰が実害をこうむるのだ？　乗る側も『やった！　こんな高燃費の車を買うことができて、節約になった』と大喜びだろう。誰も犠牲にはならないのだ。人を殺したり、物を盗んだり、という類の犯罪とはまったく別の話だ。」

書いているうちに、私も気が大きくなってきた。この上司の言うことはもっともな話だ。もちろん私は、不正の行われたM社以外のA社が不正をしているとは思わない。さらに政府が不正をしているとは絶対に思っていない。ただこの種の不正が起き、それが後ろめたさを起こさないとしたら、そしてそれをごく普通の善良な市民でさえ起こすとしたら、この種の考え方が必然となる、それだけだ。

ここに書いたシナリオはすべて私の想像だが、不正をする人々（すなわち私たち）の間で行われている会話のひとつの典型と見て差し支えないだろう。その際、「他のところもみなやっている」、「これまでそうしてきた」というロジックは彼らの報酬系に強烈にアピールする。いかに善良な人でも、入職したばかりの会社で、先輩から手取り足取り教わった仕事の内容が、どこまで不正に関与しているかは判断のしようがない。「ここの数値を、こちらに記載して、最後に印を押すように」といわれたら、その通りに書類を作成するだろう。実はそれが不正な文書として決定的な役割を果たすかもしれないが、あなたはそれを知らない。しかしある程度仕事を始めていくうちに「あれ？」と気がつく。最初は漠然とした疑問だ。そのうち徐々に心の中で何が起きているかが明らかになっていく。しかしそれでも確信が持てずに、恐る恐る周囲の一番聞きやすい同僚や上司に尋ねてみる。そこから先は先ほどのような会話が行われるかもしれない。

自分が不正に加担しているのではないかと感じ始めた時点で、さっそくその不正を正すために公的機関に通報する、という人がいるだろうか？　彼はそれによりせっかく得た職を失い、一家を支えることができなくなるかもしれないのだ。組織における不正に加担することを一切拒否するとしたら、おそらくその人のほうがどこか変わっていて、融通が利かず、「話がわからず」、他人とうまくやっていけない、すなわち健全な社会人とはいえないという可能性すらある。なんとオソロシイことだろう？　組織ぐるみでの不正が、実は私たちが正常であるからこそ起きるとしたら。

ところで組織において不正を働く人は、これまで考えた「弱い嘘」や自己欺瞞の傾向を持つのだろうか？　これについてはとりあえずは「否である」と言いたい。組織の不正はそれらのいずれとも異なるのだ。第一に彼らは、個人としては嘘や自己欺瞞とは無縁の可能性がある。その彼らが不正に手を染め続けるとすれば、「皆がやっていること、その意味で後ろめたさを本来もつ必要のないもの」という感覚がそれを可能にするのであろう。いわば治外法権の異国でぎりぎり自国の法律に従った活動を行っているという意識に近いかもしれない。そしてその異国の法律はすべて不文律であり、暗黙のうちにしかその内容は伝えられないのである。

第14章　自傷と報酬系

自傷と報酬系との密接な関係は、ここまで読んで来られた方にはもはや明らかであろう。世の中には自分を傷つける行為を繰り返してしまう人がいる。次の第15章「いろいろなハイがある」の章でもそれを一部描いてみるつもりである。

自傷行為の存在は心理学者や精神医学者の関心の的であったことは間違いない。それに関する理解の仕方の雛形となったのが、「彼らはそうすることで自分を処罰しているのだ」という意味付けである。つまり「自罰傾向」というわけだ。

私が昔出会った忘れられないケースがある。彼女は二十代後半の女性で、最近結婚した同い年の御主人と幸せな日々を送っていたが、やがて一つの問題が生じるようになった。ご主人が朝出かけることに徐々に耐えられなくなったのである。ある朝、どうしてもご主人が出かけなくてはならない時があった。その時に彼女は深刻な自傷行為に及んだのだ。ご主人が彼女を振り切って出かけた後、彼女は三階のマンションから飛び降りて、大腿骨の複雑骨折という重傷を負った。後に聞いてみると、彼女は苦しくて、もうそうする以外にないと思い、三階から飛び降りたものの、決して死ぬ気ではなかったと言った。つまり彼女は自分を痛めつけるという形でしかその時の苦しさを耐え抜くことができなかったというわけである。

それまで自分を傷つけるということの意味をよくわかっていなかった私は、一つのことを学んだ。彼女たちは精神的な辛さに出会ったときに自らを傷つけることで苦しみから逃れ、急場をしのぐということである。この一見矛盾した行為が自傷の本質であるということをまだ十分につかめないでいた。患者たちはそれを「緊張を和らげるため」という言い方で表すことが多かった。つまり彼らの中で高まっていた苦しさを軽減するという意味が、自傷行為の本質なのである。

この自傷行為は人間だけに見られるものではない。たとえばアカゲザルは自分を噛むという行為をしばしば見せるという。一般に霊長類は極度に退屈すると常同行為を始め、終いには自分自身に噛みつく行為に及ぶ。またフラストレーションを与えられて逃げ場をなくした動物は、自分の一部を繰り返し噛むようになることが観察されるそうだ。[35]

ある心理学者の書いた記事は、自傷行為について一つの重要なヒントを与えてくれる。ロレッタ・ブルーニング博士[7]はその論文で、霊長類の観察を通して、動物が毛を抜く行動は、単なるトラウマやストレスのせいだと理解するわけにはいかないと主張する。サルの子は親が自分の毛を抜くのを見て模倣することもあるという。そしてこれが一種のグルーミングの延長にあるという理論を提唱する。グルーミングは基本的には自分を慰撫する行為 self soothing behavior であることは確かだ。動物はそれを相手に対して行い、社会的な結びつきを深めるが、自分に対しても行う。そして、それが度を外した形で生じるのは、ストレスやトラウマがあって、それを回避する手段がなく、追い詰められた状態にあるためだという。

このことを三階から飛び降りた女性の例と一緒に考えてみよう。その自傷行為は追い詰められて極限状態に置かれて生じた。飛び降りは極度のフラストレーションを和らげてくれたのである。それが彼女が言った「緊張を和らげてくれる」という意味なのだ。そしてここに一つ不思議な事実がある。それは自傷行為は痛みを通常は伴わないということである。それよりはむしろ快感を、ハイを感じさせる。

結局自然が動物に、そして私たちに与えた自傷のメカニズムは以下のものと推察される。極度のストレスにおかれ、そこから逃げられる手段がない場合に、動物は精神的な崩壊を防ぐために報酬系を刺激する。そしてそのストレスには極度の退屈さも含まれる。退屈さとは過剰なエネルギーと時間を持っていてもそれを投入する手段を持たない状態なのだ。これらストレスを弱めてくれる手段が他にない場合に、報酬系が用いられる。つまり快感を特別な方法で生み出すことで、苦痛を軽減させるのである。ただしどこかにボタンがあって、それを押すと報酬系が刺激されるというわけではない。第1章で述べたように、報酬系は脳の奥深く存在し、快感を得るにはそこに電極を差し込んで刺激するか、そこを直接刺激するような薬物を吸引するかしかない。そこで自然界は生物に非常ボタンを備えてくれた。それは自傷というボタンだ。それが通常は押されないのは、それが自己破壊的であり、激しい苦痛が待っているからだ。ところがストレス状況では、そのボタンが緊急避難のためのボタン、パニックボタンとなる。すると通常はそれにより生じるはずの痛みは起きず、そのかわり直接報酬系に刺激が直結し、快感が得られるのである。

報酬系は自傷行為により細胞死を防ぐ（おそらく）

もちろん自傷行為、たとえばリストカットなどが、誰にでもパニックボタンとして作動する保証はない。というよりは普通私たちはどのようなストレス下でも、それを痛みと感じてしまい、よけい大きなストレスとなることを知っている。しかし例外的な人たちもまたいる。その人たちの場合に自傷がパニックボタンとして成立する過程を考えよう。

たとえば非常に大きな心のストレスを抱えている人が、髪をかきむしり、たまたま頭を壁に打ち付ける。すると少しだけ楽になることに気が付く。それまでは痛みという不快な刺激にしかならなかったはずのそのような行為が、突然自分を救ってくれることを知るのだ。試しに腕をカッターで傷つけてみると痛みを感じず、むしろ心地よさが生まれる……。こうして普段は絶対押すべきでないボタン、と言うよりはそこに存在していなかったボタンが、緊急時用のパニックボタンとして出現する。

自傷による報酬系の刺激は、このように一種の心身にとっての「駆け込み寺」となる。そこが発動することで、精神は破綻を免れる。精神の、というよりは中枢神経系の保護という役割を果たすのであろうと私は考える。危機状態が長く続き、神経細胞のアポトーシス（自然死）を起こしかねない時に、報酬系の刺激はその興奮を強制的に低下させる。その意味で神経を保護しているのだ。最近「神経保護 neuroprotection」というテーマは、それだけで一つの学会ができるほどだが、（"Global College of Neuroprotection and Neuroregeneration（GCNN）"）報酬系は細胞死を防いでいる、というのが私の仮説である。神経細胞は過剰な興奮にさらされるとカルシウムチャンネルが開いて、たくさんのカルシウムイオンが細胞内に流入して、それが細胞を殺してしまうという、先ほどのアポトーシスという現象が生じるのである。報酬系がすることは、快感を提供するというよりは、過剰な興奮に晒されている神経細胞を強制的にシャットダウンしてしまうという意味があるのではないか。

自傷行為についての仮説

前出のブルーニング博士もそのエッセイで書いていたのだが、あるストレス状況で、それに対処する手段がないとき、人や動物は追い込まれて、ふとしたことからパニックボタンの存在に気が付くのであろう。先ほどの人間の自傷行為が生まれるプロセスと同様である。退屈さの極致におかれたサルは、ふと体に及ぼされる痛み刺激が、通常とは違う、むしろ快感をともなう感覚を生むことを知る。腕をひっかく、足をどこかにぶつける、などの偶発的な出来事かもしれないが、パニックボタンの存在への気付きを生むにはそれで十分だ。そうして意図的な自傷行為が成立するのであろう。

このように考えると、自傷行為の成立には多くの場合、極度のストレス状況、それもおそらくは幼少時に生じたものが関係している、という仮説が成り立つのだ。ふつう私たちはストレス状況に置かれたとき、ある種の活動を行うことで窮地から脱出する。天敵に襲われそうになったら、物陰に身をひそめたり、必死で逃げたりするだろう。しかしストレスを軽減する具体的な手段が何も見出せないことがある。退屈さから来る苦痛もそうであるし、怒りや反抗心を表出するような気概が奪われていてその状況に耐え続けなければならない場合もそうだ。その時にパニックボタンが成立し、自傷行為が生じるのであろう。

痛覚刺激がパニックボタンに変わるということに類似した現象は、種々の精神神経学的な障害でも生じることが知られる。自分の唇さえ噛み切ってしまうほどの自傷行為を呈するレッシュ・ナイハン症候群（血中の高尿酸値を特徴とする遺伝性の疾患）など。この場合も痛覚刺激は、痛覚そのものは低下して、むしろ一種の安堵感や快感を呼び起こしていると見ていい。これらは一種の脳の配線の障害と考えることができるが、その詳しい機序は不明だ。しかし幼少時の虐待状況などでも同様の配線異常とそれによる上述のパニックボタンの成立が生じるのであろう。

ちなみに二〇一三年に発表されたＤＳＭ-５には、付録に「今後の研究のための病態」というのがあり、そこに「非自殺的な自傷行為 Nonsuicidal Self-Injury」という項目がある。参考までにそれを引用しておこう。

以下は『ＤＳＭ-５　精神疾患の診断・統計マニュアル』(1)による。

Ａ．その損傷が軽度または中等度のみの身体的な傷害をもたらすものと予想して（すなわち、自殺の意図がない）、出血や挫傷や痛みを引き起こしそうな損傷（例：切創、熱傷、突き刺す、打撲、過度の摩擦）を、過去一年以内に五日以上、自分の体の表面に故意に自分の手で加えたことがある。

注：自殺の意図がないことは、本人が述べるか、または、死に至りそうではないと本人が知っている。または学んだ行動を繰り返し行っていることから推測される。

B．以下の一つ以上を期待して、自傷行為を行う。
（1）否定的な気分や認知の状態を緩和する。
（2）対人関係の問題を解決する。
（3）肯定的な気分の状態をもたらす。
注：望んでいた解放感や反応は自傷行為中か直後に体験され、繰り返しそれを行うような依存性を示唆する行動様式を呈することがある。
C．故意の自傷行為は、以下の少なくとも一つと関連する。
（1）自傷行為の直前に、対人関係の困難さ、または、抑うつ、不安、緊張、怒り、全般的な苦痛、自己批判」のような否定的な気分や考えがみられる。
（2）その行為を行う前に、これから行おうとする制御しがたい行動について考えをめぐらす時間がある。
（3）行っていないときでも、自傷行為について頻繁に考えが浮かんでくる。
D．その行動が社会的に認められているもの（例：ボディーピアス、入れ墨、宗教や文化儀式の一部）ではなく、かさぶたをはがしたり爪を噛んだりするのみではない。
E．その行動または行動の結果が、臨床的に意味のある苦痛、または対人関係、学業、または他の重要な領域における機能に支障をきたしている。
F．その行動は、精神病エピソード、せん妄、物質中毒または物質離脱の間にだけ起こるものではない。神経発達障害をもつ人においては、その行動は反復的な常同症の一様式ではない。その行動は、他の精神疾患や医学的疾患（例：精神病性障害、自閉スペクトラム症、知的能力障害、レッシュ-ナイハン症候群、自傷行為を伴う常同運動症、抜毛症、皮膚むしり症）ではうまく説明されない。

このＤＳＭ－５による「非自殺的な自傷行為」の記載は、自傷行為について三つの場合があることを私たちに教えてくれる。Ｂ基準をここに抜き書きしよう。

（１）否定的な気分や認知の状態を緩和する。
（２）対人関係の問題を解決する。
（３）肯定的な気分の状態をもたらす。

ところがここに、たとえばヘロインの離脱の状態は含まれない。ヘロインが体から抜ける最中にどうしても苦しくて、あるいは禁煙中でどうしても我慢できなくて、リストカットをしました、という話も聞かない。自傷行為により和らぐのは、失恋や裏切りなどによる精神的な痛みに限定されているらしいのである。

第Ⅲ部　報酬系と幸せ

第15章　いろいろなハイがある

報酬系を知ることは、そこにいかに個人差があり、人により何が快感につながるかが全く異なるということを認識することでもある。本章ではその認識を深めることを目的としている。

サドル窃盗男は本当に「変態ではない」のか？

二〇一三年、神奈川県の三五歳の男性が、自転車のサドルを多数盗んだとして逮捕された。男の部屋からは約二〇〇個の自転車のサドルが見つかったという。「においを嗅いだり舐めたりするのに欲しかった」そうである。以下はライターのインベカオリ氏の記述を参考にする。(26)

二〇一二年十二月ごろ、神奈川県横浜市某所では、女性用の自転車に限ったサドルの盗難が相次いだためにプロジェクトチームを立ち上げた。そして監視カメラのデータ等から、男がマンションの駐輪場などで早朝を狙ってサドルを盗む行為が明らかになった。警察の供述調書で、男は語っている。

「サドルの匂いについて具体的に話しますと、洗濯に使う柔軟剤のような匂いや、香水のようなよい匂いのものがあったり、逆にカビ臭いような嫌な臭いのものがあり、感触についてはたとえば難しいのですが、固めのマシュマロのような感じなのです。」「私は去年の夏過ぎ頃から、自転車に乗っている若い主婦をみて、サドルに女の人の股部分がついている姿に興奮を覚え、またそれに加え革フェチで、サドル独特の革の質感が好きだったことから女性の乗るサドルを手に入れて触って匂いを嗅いでみたり舐めてみたいと思うようになったのです。」さらには革の匂いを嗅ぎながらマスターベーションを行い快感を得たとの供述もある。

このケースで不思議なのは、のちに不起訴になったこの男性が「報道され、深刻な名誉棄損を受けた」としてマスコミ各社を訴えたことである。「サドルフェチ」的な報道に深く名誉を傷つけられたということだ。しかしそれは本人が否定している部分をかえって浮き彫りにしてしまった感がある。

このサドル窃盗事件で興味深いのは、自転車のサドルという、通常は危険を冒してまで蒐集しようとは思わないようなものに男が執着していたことだ。しかし話を聞いてみるとそこに理解できない部分がないわけではない。よく聞かれる下着泥棒とその本質は変わらない。

最近（二〇一六年五月）一部で話題になったのが、雨合羽の匂いに興奮して三十着の雨合羽を盗んだ三二歳の男性の話である。それもヤクルトレディのものに特化したとのことだ。これなどは同様に変態扱いされてしまうが、サドル男と本質は変わらない。彼自身の持つ報酬系の興奮を得る手段が、ほかの人とちょっと違っているという、それだけの話である。

私もこれだけ報酬系の話を続けていると、「報酬系フェチ」と言われても仕方がないが、私としては断固彼らを擁護したくなる（しかし、もちろん窃盗は断じていけない。しっかり正規のルートで購入すべし、と言いたいところだが、彼らにとってはそれでは意味がないのかもしれない。あくまでもスリルを求めるのだろう）。

結局私が言いたいのは次のことである。報酬系が何により興奮するのかは、人によって全く異なるのだ。その一部は生活習慣により決まり、別の一部には遺伝が関係し、別の一部はおそらく偶然により左右される。報酬系を刺激する対象自体は一種の景色のようなものだ。一枚の絵、一皿の料理、一曲の音楽、みな同じだ。報酬系は人によってはある細かな条件をいくつも満たすことで初めて興奮をしてくれるような厄介なところがあるのだ。

ランナーズハイ

こちらの例はサドルや雨合羽よりははるかに無難であろうし、共感を得やすいであろう。皆さんもよく知っているランナーズハイ。この話に必ずといっていいほど出てくるのが、走っている間に脳内麻薬物質のベータ・エンドルフィンが分泌される、という説明である。一部の人が走ることに快楽を覚えるのは疑いない。毎年二月の寒空に、都庁前に東京マラソンに集まる人々の多さを考えればいい。彼らはそこに集う前に、すでに何倍もの抽選を勝ち抜いてきているのだ。

体を動かすことは苦痛であると同時に大きな快楽の源泉になる。子どもが駆け回る様子を見ても、子犬がじゃれ合っているのを見ても、それが純粋な快楽の源泉になっていることは自明だろう。もちろん大人になるにつれ体を動かすことは、はるかに億劫になっていくわけだが、それでもマラソン大会が開かれると、たくさんの老若男女が集まるわけだ。

私が第6章で示した、脳のネットワークの興奮は、それ自身が緩徐に報酬系を刺激するということをここで思い出してほしい。単細胞生物が走性を発揮している時点で、パンクセップの言う探索モデルが働き出した時点で、動き回ることそのものがデフォールトとしての快楽を提供しているのだ。生命体は、動きたくなければ植物になればよかっただけの話なのだ。報酬系を持たない植物は、報酬勾配に従った動きをする必要もなく、したがって動きを封印されている（必要としていない）というわけである。

途方もない距離を走るいわゆる「ウルトラランニング」という競技もある。百キロ走や二十四時間走などが行われるというが、その伝説の人と言われるヤニス・クロスは次のように書いている。

「人はどうしてそんな長距離を走るのかと尋ねる。理由はない。ウルトラランニングの最中、私の体はもう少しで死ぬというところまで行く。私の心がリーダーシップを取らなくてはならなくなる。とてもつらい状況では、私の心と体が戦争を始めてしまう。もし体が勝てば、私はギブアップだ。もし心が勝てば、走り続ける。その時に私は自分が体の外にいると感じる。まるで私の体が自分の前にいて、心が命令をして体がそれに従う。これは特別な気分であり、とても好きだ……。とても美しい気分だし、私のパーソナリティが体から離れる唯一の瞬間なのだ。[28]」

ちなみにランナーズハイに関連してしばしば論じられるベータ・エンドルフィンはおそらくあまり根拠がないということだ。ベータ・エンドルフィンは実は血液脳関門を通らない。血液脳関門とは、体を流れる血液の成分の一部が、脳の中を流れる血流に入る際に、一種のバリアーによってブロックされてしまうことを言う。体内でいくら発生しても脳には行きつかない物質があり、ベータ・エンドルフィンもそのひとつなのだ。むしろランナーズハイに関係しているのは、脳内マリファナ物質であるという最近の研究がある。エンドカンナビノイド（anandamide など）という物質である。要するに大麻成分だ。ネズミを一日数時間走らせると、人工的にランナーズハイを起こさせることができ、明らかに痛み刺激に強くなるが、このカンナビノイドをブロックする物質を投与するとその効果が無くなってしまうだろうという。

ところでこのランナーズハイという概念は、一人歩きをしているという説もある。実際にこれを体験するアスリートは意外と少ないという。少なくともマラソン大会に参加する人たちの大部分は、このハイの感覚を追い求めている人たちとは言えないであろう。あるエクササイズをこなすこと、苦しさを乗り越えることは、それ自身が大きな達成感を生む。また走っている最中に目の前に広がる景色や体中に浴びる日差しはその快感を増すだろう。でもこれらはむしろ間接的な報酬系刺激なのである。

食べることのハイ

食に伴うハイは、精神医学的に極めてなじみの深い現象である。ただしこれを本当にハイと呼ぶべきかについては議論の余地があるであろう。

いわゆるブリミア（神経性過食症）の人は、過食するものとして、たいていは自分が好きで口当たりが良いと感じる食料品を選ぶ。時には食べた後に嘔吐しやすいかどうか、ということも、食品を選ぶ根拠となる。そしてその食べる量は尋常ではない。それこそ菓子パンを二十個買ってきて、家で一気に貪り食う、というようなことが起きる。たいていは近くのコンビニ等で菓子パンを買い求めるが、さすがにそれを頻回にやると目立ち過ぎ、すぐに店員に顔を覚えられてしまう。そこで彼らは遠出をしてあまりなじみのないコンビニを使ったり、数個ずつ分けて購入したりする。

通常は彼らは家に帰ると誰にも気づかれずに一人で過ごせる空間を確保し、買ってきた食品を一気に食べ始める。食べている最中は「時間が止まった感じ」と報告する人も多い。この間は確かに報酬系は刺激されている状態ではあるが、心地よいのか、ハイなのか、と問うた場合、答えは少し微妙だろう。というのも食べ始めた時から自己嫌悪やうしろめたさの一部はすでに起き始めている。食べている姿は誰にも見せられず、こそこそとやるしかない。家族と同居しているならば、大量の食品を家に持ち込むところから気を配らなくてはならない。たいていそれだけの食べ物を一気に摂取する人は、その後に吐いているわけであり、彼女たちがあれほど恐れている体重の増加を避けるためには、トイレに駆け込むタイミングを見計らわなくてはならない。この嘔吐という行為も強烈に自己嫌悪を起こすプロセスだ。

この過食することへのアンビバレンスのため、時には彼らは買い込んだ菓子パンなどの食べ物を食べるのを途中でやめ、そのままトイレに流すなどして破棄するという行動に駆り立てられる。しかしこの行動自身もまた自己嫌悪を感じさせることが多い。物を無駄にするということは普通の倫理観を持っている人には耐えがたいことでもある。いっそもとのコンビニの商品棚に戻してしまうか……。

この一連のプロセスを彼女たちは大いなる苦しみを持って行う。死んでしまいたいと思う気持ちもわからないではない。食べることもまた例の not liking, but wanting（気持ちはよくないがやめられない）が当てはまるのであろう。

しかし他方では「ダイエットハイ」という言葉もある。つまり食べないことでハイになる場合もある、ということだ。これは絶食して三十時間以上たつと、ストレスホルモンのひとつであるＣＲＨ（ＣＲＦ）という物質が視床下部から分泌され、それが結果的に、快感物質を分泌させるということらしい。

一般にあらゆるストレスがハイに関係している可能性があるといってよい。ストレスを感じると、視床下部からＣＲＨ（ＣＲＦ）という物質が出る。体がストレスに反応するための臨戦態勢を取る最初の反応だ。すると視床下部のすぐ下にある下垂体からＡＣＴＨというホルモンが出て、それが副腎を刺激してコルチゾールを出す。コルチゾールが多くなると、視床下部でＣＲＨ（ＣＲＦ）にネガティブフィードバックのループが機能してストップがかかる。そしてこの複雑なメカニズムのどこかに、ハイになる要因がある。それはＣＲＨ（ＣＲＦ）かもしれない。しかしコルチゾールの分泌もハイに関係しているという記述も見られる。

首絞めハイ

信じられないだろうが、「首絞めゲーム」「気絶ゲーム」なるものが存在する。要するに首を絞めて脳を酸欠状態にしてハイを味わうというゲームである。英語圏では choking game（まさに「首絞めゲーム」)、fainting game（失神ゲーム）などと呼ばれる。欧米だけだと思いきや、わが国でも、例の「阿部定事件」でひところ話題になったこともある（これについては少し後に述べよう）。米国やカナダでは、特に思春期の若者にこのゲームが蔓延し、不慮の事故死につながる例も数多く報告されている。彼らによれば、首絞めは、ドラッグよりも安全にハイになれるという。そして友達同士で首を絞め合っては、一瞬気絶することによる快感を味わう。

問題は脳の酸欠状態が一種のハイの状態を作り出す場合があるということだが、もちろんそのようにはうまくいかず、単にハイを得るためだけの首絞めが、縊死に至ってしまう場合が多い。想像していただくとわかるだろう。快感を得るために、自室でひとりで自分の首を紐で絞める。そのうち快感より先に失神が生じてしまう場合も十分ありうる。当然手の力が緩み、首の緩むことが期待される。しかし紐自体が絡まったり緩んでくれなかったら……、後は死を待つのみだ。実際に若者が自殺を意図したのか、あるいは単にハイを求めていたのかが、検死でもわかりにくい場合も少なくない。

首絞めハイの世界は奥が深く、さまざまなバリエーションが存在するが、一つの違いは、そこに性的な快感が伴うかどうかということである。そうである場合も、そうでない場合もあるという。

巷で今でも語られる阿部定事件。これにも首締めによるハイが関係していたことは、あまり知られていない。前坂氏(31)と伊佐氏(27)の記述を参考にしよう。

阿部定事件は、一九三六年に仲居であった阿部定が同年五月に東京市荒川区尾久の待合で、情事の最中に愛人の男性（石田）の首を絞めて殺害し、局部を切り取って逃走したという事件である。その事件は猟奇性のため、世間の耳目を集め、事件発覚後及び阿部定逮捕（同年五月二〇日）後に号外が出されるなど、当時の庶民の興味を強く惹いた。

事件当日の夕方から、定はオルガスムの間、石田の呼吸を止めるために腰紐を使いながらの性交を二時間繰り返したという。強く首を絞めたときに石田の顔は歪み、鬱血した。定は石田の首の痛みを和らげようと銀座の薬局へ行き、何かよい薬はないかと聞いたが、時間が経たないと治らないと言われ、気休めに良く眠れるようにとカルモチン（睡眠薬）を購入して旅館に戻る。その後、定は石田にカルモチンを何度かに分けて、合計三十錠飲ませた。定が居眠りし始めた時に石田は定に話した。「俺が眠る間、俺の首のまわりに腰紐を置いて、もう一度それで絞めてくれ……おまえが俺を絞め殺し始めるんなら、痛いから今度は止めてはいけない」と。しかし定は石田が冗談を言っていたのではと疑問に思ったと後に供述している……。

快楽の追求と死とがこれほど隣り合わせになる例もあまりないのではないだろうか。

コンバットハイ

『戦争における「人殺し」の心理学』[22]という書は報酬系についての優れた情報を提供してくれる。著者はその中でコンバットハイ、すなわち「戦闘中毒」という状態を紹介する。「銃撃戦の際に、体内に大量のアドレナリンが放出され、いわゆる戦争酔いになるため」とある。ただし「アドレナリンが出る」という表現は英語ではしばしば用いられるが、正しくはドーパミンの放出ということになろう。

このコンバットハイは、著者グロスマンが本書の別の項目で強調している点、すなわち人間は本来いかに加害行為を恐れ、忌避するかという問題とは別の問題である。コンバットハイは人を撃ったことの快感に関する問題だからだ。

戦闘中に他人を殺めたことで得られた快感を、人はあまり話題にしないという。特に現代では、そのような体験を口にしただけで、たちまちとてつもないバッシングに遭うからだ。しかし本来ハンターや弓矢の射手がターゲットを倒した時に、快感を覚えることはごく普通のことである。ビデオゲームなどでシューティングゲームがいまだに主流を占めていることを考えればわかる。しかしもちろん戦場で人を撃つとなると話は全く違うはずである。シューティングゲームのファンは通常は社会における善良な市民である。動物を狙うハンティングにすら嫌悪感を覚えても不思議ではない。そのような善良な市民が戦争に駆り出されて前線で敵に向かって撃つという体験を持つのを想像しよう。初めは全く不本意に、単に義務感に駆られ、あるいは自分の生命を守るために相手に引きがねを引く。しかしその結果として本人も全く予想していなかったようなある種の快感を体験してしまうということもあるだろう。こうしてコンバットハイに至る道が開かれる。そのような兵士もまたある意味では戦争の犠牲者なのであろう。ちょうど善良な市民が無理やりヘロインやコカインを使用させられ、その快感に溺れて廃人になるようなものである。

コンバットハイにおいては、中、長距離での銃撃による殺人に成功した場合に、特にそれに陥りやすいという。すると一度帰還しても、すぐに戦場に舞い戻りたいと願う。彼らは戦場における戦闘を「究極のでかい獲物のハンティング」と呼ぶそうだ。しかしこれは彼らを極めて危険な状態にも陥らせるという。なぜなら次の一発を撃てるのであれば、破れかぶれでいかに危険な状況にも飛び込んでしまう可能性があるからだという。

私は時々思うのだが、狩猟とは極めて矛盾に満ちた行為である。射撃をスポーツと割り切り、空中に投げ上げられたディッシュを打ち落とするのであればまだいい。しかし基本は動物を射止めるのがハンティングである。かと言ってその名手が反社会性や残虐性を備えているというわけではない。ゴーグルや耳あてを外せば善良なお姉さんやオジさんだったりする。しかしその世界で生計を立てたり、それに熱中したりする人の中には、必ずやこの種の快感を体験する人がいるはずだ。そしてそのような人々は必然的にこの世に存在する。なぜなら私たちの祖先は、人類の歴史の九九・九パーセントにおいて狩猟採集を首尾よく行うことにより生きながらえてきたからだ。よき狩猟者であることは適者生存の原則に合致し、私たちのＤＮＡに組み込まれていることになる。しかしそれは同時に殺戮行為であり、獲物に著しい苦痛や恐怖を味わわせる極めて残虐な行為なのである。

ここで問うてみよう。コンバットハイに陥る人は反社会性を備えたサイコパスなのであろうか？　サイコパスであれば、他人に危害を加えることに快感を覚えても不思議ではない。しかしサイコパスならそれこそ幼少時から、動物を虐待したり他人に暴力をふるったりという行為がみられるはずである。他方戦場で敵を撃つことの快感に「目覚めて」しまった場合はどうだろうか？　その場合はコンバットハイはしばしば強烈な罪悪感や自己嫌悪を引き起こすに違いない。しかしそれでも自分をコントロールできないほどにそれを生きがいに感じるようになったとしたら……。昔から小説に出てくるような用心棒や殺し屋のイメージが重なる。私がこの問題を考えるときいつも頭に思い浮かぶ

浅田次郎の作品を紹介しておきたい。(4)

「飲むほどに酔うほどに、かつて奪った命の記憶が甦る」――最強と謳われ怖れられた、新選組三番隊長・斎藤一（さいとう・はじめ）。明治を隔て大正の世まで生き延びた〝一刀斎〟が近衛師団の若き中尉に夜ごと語る、過ぎにし幕末の動乱、新選組の辿った運命、そして剣の奥義。慟哭の結末に向け香りたつ生死の哲学が深い感動を呼ぶ。……」

スカイダイビングハイ

どこかで聞いたことがあるような話。ある高所恐怖症気味な芸能人が、テレビのクイズ番組の罰ゲームでスカイダイビングをやらされ、実際に飛び降りるまで大騒ぎだったという。着地したところをインタビューしようと近づくと、涙を流している。さぞ恐怖から解放されて安心したのかと思ってきくとこう答える。

「こ、こんなすばらしい体験があるなんて知らなかった……」。

スカイダイビングに根強いファンがいるのは、やはり彼らが体験するハイのためだろう。彼らはすべての重力からの開放感を語る。鳥になったようだ、と言うのだ。これも結局は報酬系である。

スカイダイビングを忌避する人は、よくジェットコースターの感覚を思い出すという。あのまっさかさまに落ちていくような感覚。腹の底からゾワッと来るような、体中が悲鳴を上げるような感覚を純粋に快感と思う人は少ないのではないか。もちろんそれも含めて繰り返したいという人がいるからアミューズメントパークは成り立っているのであろう。でも「夫は日曜日は朝早くから富士急ハイランドに行き、何度も何度もジェットコースターに乗り、給料を使い果たしてしまうんです……」という訴えをこれまでに聞いたこともない。おそらくこのハイには上限値が設定されているのだろう。

スカイダイビングの専門家はこう説明する。「もともと飛行機に乗っている時点で、体は定速で移動しているのです。だから何も感じないでしょう？　そこから放り出されると、空気抵抗により一二〇マイルの定速での移動に変わるだけです。すると巨大な空気という布団に包まれているような爽快な気分になるのです……。」つまり「腹の底からのゾワッ」はあまり起きないわけだ。

もちろんこの快感だけではないであろう。もしパラシュートが開かなかったら？　高速で地面にたたきつけられたら……。そのような恐怖も相まって体験される快感なのであろう。するとその快の源泉は恐怖から来るスリルだろうか？　何百回もスカイダイビングをしている、絶対に死ぬはずはないと自信のある人がそれでも快感を覚えるのはなぜだろう？　うーん、これはやってみるしかないな。

スカイダイビングハイについては興味深い研究がある。(8)　脳の左眼窩前頭皮質（ＯＦＣ）（右の眼球の上の部分にある脳）の容積が大きい人ほど、初回スカイダイビングで快感を味わうのだという。さらに詳しく紹介すると、眼窩前頭皮質の中でも特に内側部は快感と、外側部は不快体験と結びついているということだ。そして内側部が大きい人は、より大きな快感を味わうことができる。また快感を味わうことの難しいうつ状態の患者の内側眼窩前頭皮質の容積は小さくなっているという報告がある。

さらに統合失調症の患者の体験するアンヘドニア（享楽不能、喜びを感じられない状態）は内側眼窩前頭皮質の容積と逆比例であるという。つまり内側眼窩前頭皮質は、快感の強さそのものではなく、体験から喜びを得られる能力と関係していると考えるべきであろう。

放火ハイ

困ったことに……人の家に火を放ってハイになる人がいる。彼らは放火魔、放火癖などと呼ばれる。要するに「放火ハイ」を味わう人たちのことだ。

そんなある少年の話をしよう。彼は小学生のころ、近くで起きた家事を見たときに不思議な興奮を覚える。どこかに高揚感があったのであろう。マッチの炎を見ていると吸い込まれるように感じ、手を離さずに火傷したことも何度かある。最初は火を見る時の快感をあまり異常とは思わなかったが、消防士という職業を知り、漠然と憧れるようになる。

アメリカにはこんな都市伝説がある。消防士のかなりの割合が放火魔であり、彼らが一所懸命消している火事の一部は、彼らの仲間の誰かが火をつけているという。彼らはお互いにだれが放火をしているかを知っていて、もちろん誰にも口外しない。放火犯として捕まってほしくないのだ。彼らはいずれにせよ仕事がしたいのだから。

ここまで書いて急いで断っておく。以上は都市伝説でしかない。消防士のほとんどは善良な市民であり、火事から人を守るために献身的に働いてくれているのだ。その中に極めてまれに、放火魔が紛れ込んでいる可能性があるのだろう。

このような都市伝説が作られたのは、ある新聞記事が背景にあるようだ。(21)二〇〇〇年ごろ、山火事を起こしたことで捕まった二人が、それぞれ消防団に属していたこともあり、上記のような都市伝説が生まれたらしい。しかし司法精神医学の専門家によれば、「消防夫は放火を犯しやすい」というデータはないということである。

しかしこれにはもう少し事情があるらしい。米国で大恐慌が起きたころ、時給で働いていた消防士の中には、故意に野に火を放つということもあったという。要するに自分で仕事を作っていたわけだ。大火事になる前に消し止めるのであれば、それだけ罪の意識も軽かったのである。「消防夫は放火癖があるというのは都市伝説にすぎない」と断言するには、事態は複雑すぎるということらしい。ある米国の研究では、一八二の火事を起こした七五人の消防夫は、パワーと興奮を欲していたという。そもそもこのような統計がとられることからも、放火を起こす消防夫が実際にかなりいるらしいという疑いが、まだ完全に否定はされないことがうかがえる。

ここで少し放火癖について復習したい。心の病の最新のマニュアルであるDSM-5には以下の診断基準が掲げられている。(1)なお（　）内は私のつぶやきである。

A. 二回以上の意図的で目的をもった放火。（二回ではダメ、ということか。）
B. 放火の行為の前に緊張感または感情的興奮。（ほとんどの「ハイ」につきものである。）
C. 火災およびそれに伴う状況（例：消防設備、その使用法、結果）に魅了され、興味をもち、好奇心をもち、ひきつけられること。
D．放火した時の、または火事を目撃したり、またはそこで起こった騒ぎに参加する時の快感、満足感、または開放感。（放火した当人が現場に舞い戻るのはこのためだろう。）
E．その放火は、金銭的利益、社会政治的イデオロギーの表現、犯罪行為の隠蔽、怒りまたは報復の表現、生活環境の改善、幻覚または妄想への反応、または判断の障害の結果（例：認知症、知的障害（知的発達症）、物質中毒）によってなされたものではない。（つまりそこには「純粋な」放火願望がなくてはならないのだ。）

つまり放火によるハイを味わう人々はれっきとして存在することになるわけだが、そもそもそのような概念自体の妥当性を疑問視する人たちもいるということだ。ある学者は、放火癖 pyromania という概念そのものが都市伝説だという。彼らが放火することに性的な快感を覚えるというのは、フロイトの説だ。フロイトによれば、放火癖をもつのは大部分が夜尿症であった男性であり、放尿により人をコントロールしたいという願望が隠されているという。しかし現代の精神医学者は、放火癖の人の中で性的興奮を体験するのは極めて少数であると報告している。

ある研究によれば、刑務所にいる一五〇人の放火犯を調査したところ、精神医学で用いられている放火癖に見合う人は一人もいなかったということである。彼らの放火の動機は、興奮、仕返し、金銭的な見返り、ほかの事件のカバーアップのいずれかに分類された、ということだ（興奮、というのは放火癖に特徴的ではないかと思うのだが……）。

また別の研究では、放火犯の半分は未成年であり、怒りの表現やストレスの発散、あるいは注意を引くためなど、さまざまな理由があるという。そして放火は、それ以外の精神的な症状に乗っかったものというのだ。実際に法務省の発行する犯罪白書（平成二七年度版）(25)を参照しても、放火約六〇〇件のうち、精神障害の影響とみられるのは、一七・四パーセントにとどまっている。つまり放火癖などの精神障害による放火は六分の一程度ということだ（ただしここには差引勘定が必要である。この中には放火癖以外の精神障害、たとえば統合失調症や薬物中毒なども含まれ、すべてが放火癖ではない。また実際には放火癖であっても、純粋の犯罪とみなされて精神障害にカウントされない人たちも大勢いる可能性があるのだ）。

最後に日本でも戦後大きな話題になった金閣寺の放火について一言。一九五〇年七月に、京都の金閣寺が放火にあい、焼失した。当時はよほど騒がれたことだろう。しかしこれも犯人は放火癖とは異なるようだ。金閣寺子弟の見習い僧侶である大学生（当時二一歳）が放火ののち行方不明になり、捜索が行われたが、夕方になり寺の裏にある左大文字山の山中で睡眠薬を飲み切腹してうずくまっていたところを発見され、放火の容疑で逮捕した。なお、男は救命処置により一命を取り留めている。取調べによる供述では、動機として「世間を騒がせたかった」や「社会への復讐のため」などとしていた。しかし実際には自身が病弱であること、重度の吃音症であること、実家の母から過大な期待を寄せられていることのほか、同寺が観光客の参観料で運営されており、僧侶よりも事務方が幅を利かせていると見ていたこともあり、厭世感情からくる複雑な感情が入り乱れていたとされる。ちなみにこの事件が三島由紀夫により「金閣寺」として小説化されたことはよく知られている。彼は、放火の原因を「自分の吃音や不幸な生い立ちに対して金閣における美の憧れと反感を抱いて放火した」と分析した。真偽のほどは定かではない。後日談だが、犯人はのちに精神鑑定を受け、服役中に統合失調症を発症し、その数年後の一九五六年に病死している。

最後に私の個人的な考えである。放火の特徴は、たったマッチ一本で大事件を起こすということだ。ある建造物が、そのごく一部に火を放つだけで、数分後には業火に包まれるのだ。それに興奮を覚える人間がいても不思議ではない。放火は究極の復讐や破壊行為であり、攻撃性の発露として選ばれる手段の中でも特殊なのである。何も放火癖でなくても、放火は犯罪の手段としていくらでも選ばれる可能性があるのだろう。

＊　＊　＊

以上、本章ではいろいろなハイを集めてみた。皆さんはこんなことを考えないだろうか？　これらのハイのうち違法でないものの一つでもいいから、永遠に続くことはできないのだろうか？　ハイは自然な形で緩やかに起きる場合には、私たちを幸せにしてくれる。たとえば寝る前にワインを二、三杯飲んでいい気持ちになる人がいる。ハイ、というわけではないにしても、プチ・ハイ、くらいだろう。おそらく彼はそれを毎日、毎週、毎年続けても大丈夫だろう。プチ・ハイなら長続きするのだ。しかし本格的なハイはどうだろう。たまに味わう分には快感は続く。ランナーズハイにしても、ドラッグによるハイでも、首絞めハイでも、一週間に一度、くらいならそこでの快は保証されるだろう。ところがそれが毎日、比較的簡単に手に入るとしたら、それは嗜癖形成という方向にまっしぐらに進

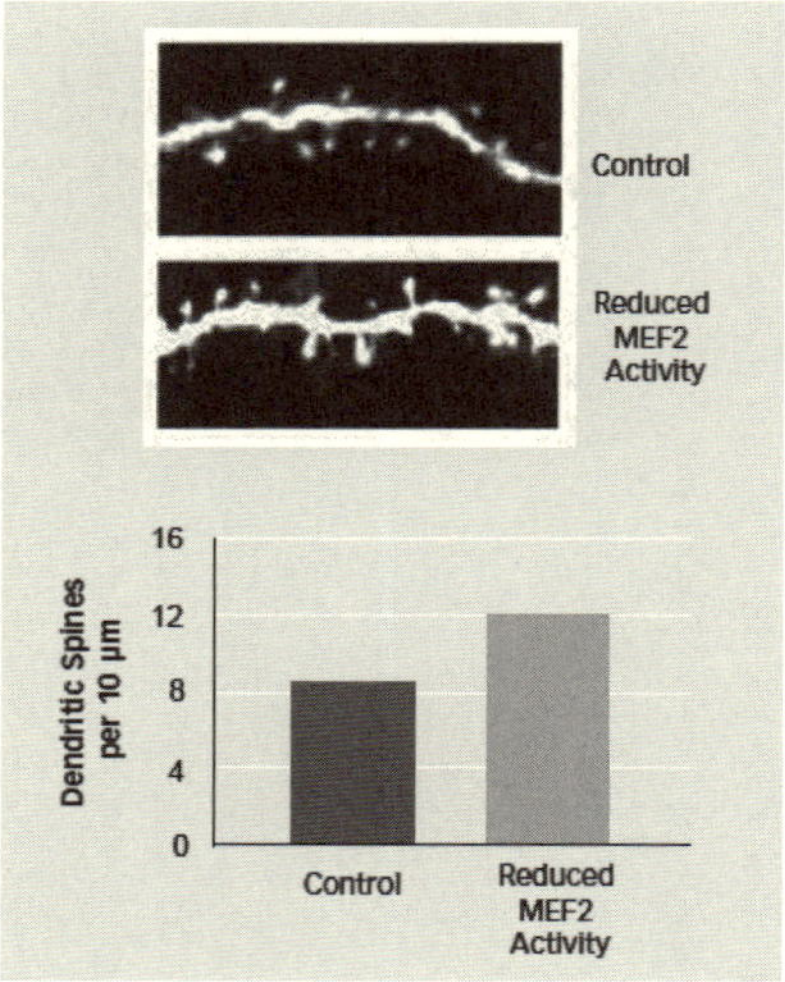

図15−1

むのは目に見えている。そしてそこには脳の確実な変化が伴う。

最近の脳科学では、ハイの状態が体験されなくなっても、その行為がやめられない状態、いわゆる「渇望」の状態においては、明らかに正常とは異なる脳の変化が起きていることが確認されている。そしてその状態は体験的には、不安、興奮と言った状況に近いということが示唆されている。より具体的には、いわゆる背側線条体という部分や側坐核に大きな変化が起きている。それが動機づけシステムなどを巻き込み、嗜癖薬物や嗜癖行動の獲得へと駆り立てるのだ。

なんと恐ろしいことだろう！

最後に薬物中毒で脳が変化してしまうということを示すためによく紹介される画像を紹介しよう。NIDANotes（October 01, 2010, Carl Sherman）という学術サイトに掲載されているもので、引用元はテキサス大学のクリストファー・コーワン先生のグループの論文[38]である。

上下の写真は側坐核の神経線維の樹状突起が、コカインの使用によりどのように変化しているかを示す。上はコントロール群で、下はコカインの常用によりＭＥＦ２という物質の活動が抑えられた場合で、デコボコが増えており、そのような変化が脳で起きているということを示している。ただし最近の研究で、樹状突起のデコボコの増加は、動物がコカインの使用に耐えるように変化したのであり、このデコボコの増加を抑制したネズミでは、さらにコカイン中毒が悪化するという研究もある。研究とはこのように予想もできない進展を伴うものだが、ともかくもコカイン中毒が脳のレベルで重大な変化を伴うということだけは確かだと言えるだろう。

第16章　フロー体験の快楽

しばらく前に、一世を風靡した学者がいる。ハンガリー人でMihaly Csikszentmihalyiという学者だが、スペルが複雑でとてもわれわれには読めない。カタカナで「ミハイ・チクセントミハイ」と書かれて初めて、人の名前らしく感じる。実際の姿は恰幅のいい普通のおじさんである。

チクセントミハイ先生（長いのでここからは「チク先生」にさせていただこう）はいわゆる「フロー体験」について画期的な仕事をした。彼は芸術家やスポーツ選手がその活動のピークとも言える瞬間に体験する不思議な現象を、フロー体験と名付けた。彼自身の言葉を聞いてみよう。(14)

「あなたが何かに興味を持ったら、あなたはそれに焦点を当て、また何かに焦点を当てたら、それに興味を持つことになるだろう。私たちが面白いと思うものの多くは、それ自身が面白いというわけではなく、頑張ってそれに興味を持つからだ。」

そしてそれに浸り切り没入した状態が、フロー体験というわけである。フロー体験の特徴は、ある種の没入体験が報酬系の興奮を伴い、それが宗教的な洞察に結びついたり、創造的な活動となったりすると同時に、そこに至福や喜びといった情動が伴うことであろう。

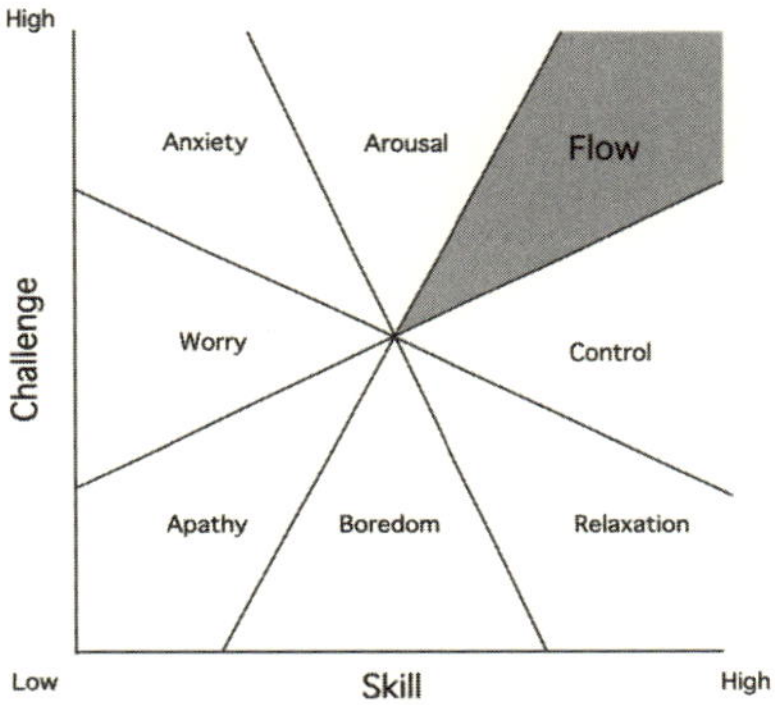

図16-1

精神医学的には、この没我の状態はいわゆる解離体験の一種と考えられる。自分が現在行っていることがそれまでの通常の体験とは切り離された、特殊な感覚を伴う、いわば異なる自我状態での体験となっているのだ。そしてこの種の解離体験は苦痛からはおそらく縁遠いであろう。体外離脱や没入体験が苦痛を伴うという話を私たちあまりは聞かない。それらの体験はしばしば苦痛の状態で生じ、むしろ当人を苦しみから解放してくれるのだ。すなわち報酬系と解離状態とは連動して生じる傾向にあると考えるべきであろう。両者をつかさどる神経ネットワークは連結しているわけだ。

このように理解すると、フロー体験とはマズローが唱えた「ピーク体験」とも深い関係がありそうだ。人の脳と心が最も効率的に活動し、最も幸福で創造的で、最高次の活動を行っている体験。そのようなものが存在して、私たちはそれを達成できるようになることを目指すことができるという考えだ。チク先生のフロー体験の説明も、スキル（技巧）とチャレンジという二軸のうち、両方が同時に高いレベルで達成できている状態として図示される。図16-1で示したとおり、フロー体験は両軸の最大の部分（図の灰色の部分）として示されている。人間が与えられた最大級の課題に対して、最大級のスキルでそれを遂行している状態というわけだ。しかもそれを行っている時の注意はピンポイントで課題に向かい、いわば課題そのものと一体化し、しかも意識はそれを外から見ているという状態である。フロー体験とはそのようなものとして説明されている。

この図に沿って一つの例を考えよう。ある天才バイオリニストが演奏をする。たとえばサラサーテ作曲の「チゴイネルワイゼン」のカデンツァ、つまりものすごく速い部分を弾いている時は、このスキルが最大、チャレンジも最大ということになる。フロー体験と見ていいだろう。ゆっくりとした部分はチャレンジが小さく、スキルは大きい、つまり、この図で言えば、下のリラクセーション relaxation、リラックスした状態ということになる。バイオリニストがあまりスキルがないと、boredom 退屈、というふうに説明されることになる。

ただしチク先生のこの図はあまり正確ではない可能性もある。フロー体験は、たとえばバイオリニストが協奏曲のカデンツァの部分を弾いている時には体験されても、たとえば本書で以前にも出てきた「G線上のアリア」のように、プロなら間違えようのないゆったりとした曲を弾いている時は体験されない、ということになるのだろうか？　でもゆったりしていても、素晴らしい曲はいくらでもある。それを弾いている時にピーク体験があってもいいのではないか。

この図に当てはまらないもう一つ別の例をあげよう。たとえば高僧が禅を組んでいる最中にそれに没入し、一種のフロー体験を持つ時はどうであろうか？　このスキルとチャレンジの相関図には当てはまらないのではないか？

皆さんはもうお分かりだろう。決め手はやはり報酬系において体験される快感なのだ。そして同時に伴う解離現象。それがフロー体験の中核部分を形成している。「G線上のアリア」は名曲だが動きは非常にゆったりしている。でもそれを情感を込めて弾いている時に報酬系の興奮が伴い、その行為自体が自動的になった状態はやはりフロー体験になりうるのではないか。おそらくこの図にスキルを書きいれたのは、フロー体験を一種の究極の体験として描きたいチク先生の意図が働いているのではないか？　私は個人的には最大のスキルと最大のチャレンジの均衡にあるのは、一種の不安や緊張を伴った状態だろうと思う。間違えないように必死な部分があるはずだからだ。スキルがチャレンジを十分上回った状態でしか、快は生まれないと思う。やはりフロー体験の正体は「報酬系の興奮＋解離」なのだ。

チク先生はＴＥＤトークにも登場している。(15) そこでチク先生が説明するのが、作曲家の体験である。彼はそれが一種のエクスタシーに近付くと、作曲家自身は何も考えなくなる、という。曲が勝手に降ってくる、あるいは降りてくる、というのだ。

あるいはチク先生はこんな例も出す。あるフィギュアスケート選手の例。「それが起きたのは、それらのプログラムのひとつを演じている最中でした。すべてが上手くいき、とてもいい気持でした。それは一種の興奮 rush であり、いつまでも続けていける、あまりに上手くいきすぎて止めたくないという感じ。まるで考える必要がなく、すべてが自動的で、思考せずに行われ、まるで自動操舵のようで、何も考えていない。音楽を聴いていても、聴いているということが意識されない。なぜならその音楽の一部になっているからだ……。」（How To Enter The Flow State というサイト

(https://daringtolivefully.com/how-to-enter-the-flow-state) から。岡野訳。)
この例も先ほどの「報酬系の興奮＋解離」を証明している。このスケーターの例は、一種のエクスタシーと言ってもいいだろう。ちなみにエクスタシーの語源はギリシア語の ἔκστασις (ekstasis、エクスタシス、外に立つこと) で、魂がみずからの肉体の外に出て宙をさまよう、といった意味が込められている (デジタル大辞林)。これ自体が解離の意味を持っているのだ。

チク先生のフロー体験の論述は、結局人間の幸福とは何かという点に向けられている。「人間の最善の瞬間は、受身的で受容的なリラックスする時間というわけではない」と彼は言う。「最善の瞬間とは、困難で価値あることを達成しようという努力の中で、その人の心と体が限界まで拡張されることである。」これがフロー体験のことを言っているのは、先に示した図からも明らかであろう。その際に人は最高の満足体験を得ることになる。チク先生はそれが特に創造性を発揮する瞬間であることを強調する。

チクセントミハイ先生とは?

チク先生の生い立ちについても触れよう。彼は一九三四年に生まれ、第二次世界大戦の影響にさらされている。幼少時に彼はイタリアの監獄に入れられたが、そこでフローという考えにつながる体験を持ったという。それはチェスを行うときの没頭体験であり、まるで違う世界で、違う時間の流れを味わうという体験だった。スイスに旅行中に、チク先生はかのC・G・ユングの講演を聞き、心理学の面白さに目覚めたという。そしてそれをさらに深めるために米国に渡った。そして彼自身が画家であることもあり、芸術や創造的な活動を研究するようになった。そこでフロー体験に出会ったという。チク先生の業績で有名なのが、サンプリング研究、ないしはポケベル研究と呼ばれるものであり、それは幸福を計測可能なものとして捉えたことで有名であるという。十代の少年少女にポケベルを与え、それを不定期に鳴らす。そして鳴った時の体験を書いておいてもらう。すると大体において彼らは不幸を感じていたが、エネルギーを何かに注いでいるときは、そうではないということを発見した。そしてそれがいわゆるポジティブ心理学に発展していったのだ。

彼の最も有名な著書『フロー体験 喜びの現象学』[13]における主張は、幸せは決して固定されたものではないということだ。それは私たちがフローを達成するプロセスで発達するものであるという。

さらにそのような道を歩む人を彼は、オートテリックパーソナリティ autotelic personality（自己目的な人）と呼び、その特徴を挙げている。それらは明確で直截的なフィードバックが得られるようなゴールを目指すこと、特定の活動に没頭すること、今起きていることに注意を払うこと、直接的な体験を楽しめるようになること、目の前の課題に対する自分のスキルに応じた課題を追及すること、などとされている。

フローと快楽、幸福

ところでチク先生の説には、脳の話がよく出てくる。どの程度脳科学的に妥当かは、私には今一つ判断ができないが、興味深い提言が多い。彼はフロー体験中は、使用することのできる脳へのインプットのほとんどすべてが、ひとつの活動に向けられるという。これにより時間の感覚が変わり、不快が気付かれず、否定的な思考が入って行かない仕組みになっている。脳はひとつのことに集中することにあまりに忙しいので、他のことを処理できないというわけだ。そしてこの状態は明らかに、マインドフルネスや瞑想、ヨガにおけるある状態と類似する。特にヨガとの関連については、それは「徹底的に計画されたフロー体験の例である」(1990, p.105)[13]という。つまりそれは心地よい、自分を忘れるような没入であり、それ自身は身体を鍛錬することで得られると。ヨガが奇妙な（失礼！）ポーズを作り、一日何時間も、ある心の状態を達成しようとするのは、そこで自己の解放、ないしは「存在、意識、悦び」の統合があるからだという。しかし、とチク先生は強調する。それはヨガによってのみ達成されるわけではない。ここがポイントだ。

チク先生はフローの概念は、道教の考えとも異なるという。道教には、人間が自然と一体となることを最終的な目標とするところがある。ところがフローにおいては、人は意識によるコントロールをひとつの達成目標とする。人間はその存在自体はカオスであるという。すなわちそれはさまざまな欲望に支配され、無秩序で、それ自身のコントロールによる快楽を味わうことができない。その意味ではフローにおいては、フロイトのいう意識が、イド（エス）を統率する際に生じるものであるというニュアンスがあり、実際にフロイトの概念を用いての説明もその著書で行われている。

さてこの部分が一番大切かもしれない。チク先生の仕事は幸福と快楽との違いについて述べる。快楽はどちらかといえば受身的な体験であり、テレビを見たりマッサージを受けたり、薬物をやったり、という体験だ（チク先生の本には、テレビを見ることへの戒めがよく出てくるが、さしずめ現代ならスマートフォンだろう）。それに比べてフロー体験は、ある種の焦点化された活動によってのみ達成される。つまり能動的なのだ。そうして幸福とは単なる快楽ではなく、そこにある種の、時には痛みを伴った挑戦がなくてはならないとする。マーチン・セリグマンはチク先生のフローの概念を用いて、幸福と快楽の区別を行っている（2002, p.119）[40]。彼によれば、幸福とは快楽とフローのバランスにより成立しているという。快楽は受身的で刹那的だ。それは自らへのチャレンジを伴わない。たとえばケーキをひとつ出されたら喜んで食べても、五つ食べさせられるとしたら多すぎて苦痛だろう。このように苦痛は食べる側が受身的であり、その快楽をコントロールできない場合に生じる。それに比べてフロー体験とは物事に没入し、快や苦痛という体験そのものは忘れられる。快楽とフローとのバランスを取って生きることとは、その快楽とチャレンジを統率する自我のコントロールの能力を前提とし、それ自体が能動的な行動であり、それを人生に生かすことに幸福があるというわけである。

フローの体験のとき脳で起きていること

では結局フローの最中に脳の中では何が起きているのだろうか？　これに関してはいくつかの研究があるようだ。研究のデザインとしては、被験者に人工的にフロー体験を創り出し、そのときの様子をＭＲＩで探るという手法を用いる。フローの状態をそんなに簡単に作れるのか、と疑問を感じるだろうが、チク先生の例の図16-1と、フロー体験はスキルとチャレンジのバランスだ、という定義を思い出そう。あれを使うのだ。具体的には被検者に何らかのタスクを行ってもらい、それが簡単すぎる場合と難し過ぎる場合、そしてその難易度を自分で調整できて好きなレベルでやれる場合という三つの状況を作り出し、三番目がよりフローに近いものと見なすという手法がとられている。

ウルリーチャという研究者の論文をもとに解説しよう。[43] 彼らは二七名の被検者に簡単で退屈に感じるようなもの、かなり難しいもの、そしてフローを生むようなちょうどいい難しさのものという、三種類の計算タスクを与えた。その結果、フローの際は、脳の左下前頭回（ＩＦＧ）と左被殻の活動が増した。そして同時に内側前頭前皮質（ＭＰＦＣ）と扁桃核の活動が低下した。ここで被殻の活動の増加は、結果予測の上昇の符号化、左前頭回の活動の増加は、認知的なコントロールを行っているという感覚、内側前頭前皮質の低下は、自己言及的な情報処理の低下、扁桃核の活動の低下は、ネガティブな体験の低下を表すという。確かに恐怖体験などと関連した扁桃核の活動が低下することは、フロー体験が恐怖や不安とは縁遠い体験であることを示している。

日本にも研究がある。[46] それによると、フローはかなりの部分が前頭前野の働きを反映したものだという。それらはたとえば注意とか、情動とか、報酬の処理だとかの働きである。そこで、光トポグラフィを使って、フロー時の脳の働きを調べたという。具体的には二八人の大学生に、ゲームをしてもらい、フロー体験と退屈な体験をしてもらった。先ほど述べた、「フロー体験＝簡単すぎず、大変過ぎないタスクの遂行時の体験」という議論に従うわけだ。するとその結果フローの際は、前頭前皮質の一部（具体的には左右の腹側外側前頭前皮質と背側前頭前皮質）の活動が増したという。

結論——フロー体験と報酬系

最後に本章の内容をまとめておこう。チク先生が打ち立てたフロー体験という概念。彼はこれを人間存在にとって特別な体験、ある種の至高の体験として取り上げ、そこで起きていることの心理的な側面を描いた。チク先生の頭には、それが一つの純化された体験という考えがあったと思う。確かにそれはある一定の性質を持った特別な体験という風に考えることもできる。

報酬系から見た場合には、フロー体験は確かにそれと深い関係がある。基本的にフロー体験は心地よい体験といえるだろう。しかしそれは強烈な快楽ではなく、したがってそれに嗜癖が生まれるほどではない。快感のレベルだけで考えるのであれば、コカインで言ったら、コカの葉を嚙んで少しいい気持になっている程度かもしれない。

フロー体験が報酬系の軽度の満足、という体験だけで終わらないとしたら、それは、独特の高揚感と充足感により特徴付けられるかもしれない。非日常性という点からは、新奇性が際立っていると考えられる。ピアノを弾いている人がフローに入ると、自分の体から離れ、自分を見下ろすということが起きうる。いわゆる体外離脱体験である。その不思議さに魅了されて再びその状態に戻ってみたいと思う人も多いだろう。しかしその機会は簡単には訪れない。それはしばしばある種のスキルの維持や訓練といったものと結びついているし、それは独自の努力や苦痛をも伴うのだ。そう、フローはチク先生のいうとおり、ある意味では快感と苦痛の絶妙なバランス上にあるのである。

快感と苦痛のバランスということであれば、読者は嗜癖に伴う同様の状態を思い出すかもしれない。パチンコ中毒の人は、玉を弾いていても苦痛だという。例の not liking, but wanting（好きではないが欲してしまう）の状態だからだ。しかしそれでもどこかに心地よさは残っているのが普通だ。だから嗜癖もある種の快と苦痛のバランスの上に成り立っている。しかしフロー体験と嗜癖体験は、その体験の質としては雲泥の差だ。前者は人間が到達する、ある高いレベルでの体験。後者は堕落、頽廃そのものだ。前者はある種の自己実現であり、その追及にはあくなき鍛錬や自分との挑戦が必要だが、後者はそれに支配され、蹂躙され、自己実現とは対極にある体験であり、努力や鍛錬の放棄である。前者は求められ、後者は流される。前者は生きがいを覚えさせ、後者はおそらく精神的な死に最も近く、緩徐で受身的な自殺行為と一緒だ。

両者の違いの決め手の一つは自律性であり、自己コントロールである。フローにおいては、大脳生理学的な検査が示す通り、前頭葉の活発な関与がある。フローは流される体験ではなく、能動的に泳いでいく体験である。たとえそこに自動感が伴うとしても、それは同時に自らの行動を完全に支配する行為でもあるからだ。フローはタスクとスキルが均衡している状態であることを思い出そう。それとは逆に、嗜癖においては、自己は嗜癖薬物や嗜癖行為の持つ特性に完全に支配され、ある意味では身動きが取れなくなっている。自分の報酬系に完全に支配され、なすすべもなく押し流されるのが嗜癖の体験である。この両者はある意味では対極的であると考えてもいいかもしれない。

第17章　男と女の報酬系

本章では愛、それも男女の愛と報酬系との関係について考える。男女の愛の問題が報酬系と深く関連していることを示したものとして、ニューヨークのヘレン・フィッシャー博士の研究がある。[18][34]彼女はある実験で熱烈な恋愛状態にある男女の脳をｆＭＲＩで観察した。すると、腹側被蓋野と尾状核の先端部分の興奮が見られるという。腹側被蓋野は本書にも何度も登場した通り、報酬系の一部である。つまりフィッシャー先生の研究は、恋愛の際は脳の報酬系がフルに活動をしているということを示したのである。読者の中には恋愛をしているときのルンルン気分を思い出す方もいるかもしれない。心がウキウキしてスキップを踏みたくなるような気分。恋人といると時間があっという間に過ぎていく。その時あなたの報酬系は興奮して真っ赤に光っていたことになる。

同様の研究ではゼキ博士 Semir Zeki とポスドクのバーテルス博士 Andreas Bartels の研究は興味深い。[47]ゼキによれば、恋愛に関係しているのは、前帯状皮質、内側島皮質、海馬、線条体、側坐核などの広い部位であるという。

そして恋愛状態にある人の脳の中で、特に扁桃核と頭頂・側頭結合部が抑制されるというのだ。扁

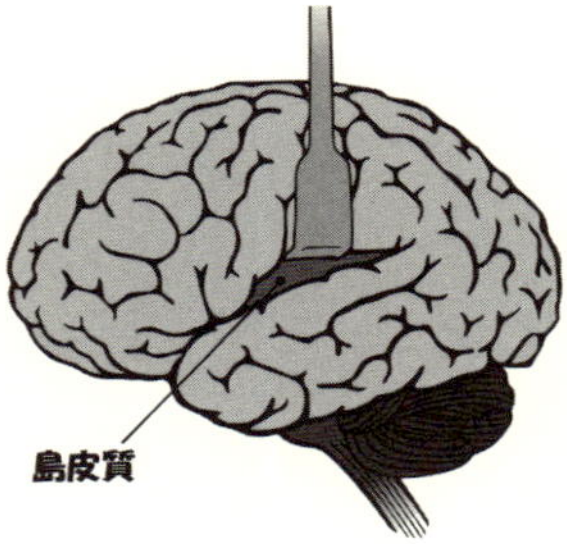

図 17-1　島皮質
（日本語ウィキペディアより）

桃核は不快を体験し、頭頂・側頭結合部は物事の総合的で理性的な判断をつかさどる。これらの部分が恋人の写真を見ているときに抑制されるということは、恋人に関しては冷静な判断を失うということを意味するという。読者は、報酬系が倫理観を麻痺させるという第7章での考察を覚えているだろう。

ところでここに出てくる島皮質とは、実は不思議な部位であることがわかっている。図17-1のように側頭葉と前頭葉の間のシルビウス裂孔を押し広げる形で中に見えてくる部分が島皮質だ。ここが破壊されると、中毒物質に対する渇望が消えるというのだ。脳卒中などで島皮質が破壊されると、ニコチン中毒だった人がタバコを吸いたくなくなる、といったことが知られている。ということはこの島皮質の興奮は、対象に対するしがみつきを生んでいる可能性があるということかもしれない。

恋愛とは強迫か?

ゼキ博士は、「恋愛は一種の強迫神経症に似た状態である」という興味深い主張も行っている。恋愛の際のドーパミンの上昇は、セロトニンの低下とカップリングしているという。ドーパミンもセロトニンも脳内の神経伝達にかかわる物質であるが、そのセロトニンのレベルの低下は、強迫神経症に匹敵するという。そしてそもそも恋愛は、一種の強迫であるというのだ。こだわり、観念の固着、と言ってもいい。確かに恋に堕ちると、その人のことばかりを考えるようになり、ほかのことが手につかなくなってしまう。もちろん強迫とは、それを行っている時にそれがばかばかしく意味のないこだわりであるということに、自分自身が気が付いている。それが恋愛の際と違うところかもしれない。しかし恋愛にも似たようなところがある。「私はもっとイケメンで優しい人がタイプなのに、なんでそれとは全くちがうこの人に惹かれてしまったんだろう?」と思いながら、その人のことが忘れられなくなってしまうということはよくある話だ。

そしてもう一つ、最近恋に落ちた人にはＮＧＦ（神経成長因子 nerve growth factor）が脳内で顕著に増えているという。人間の体の中には、色々な成長因子が一種のホルモンとして分泌されているが、特に神経細胞の枝（樹状突起）を伸ばす力を促進するのがＮＧＦである。そして恋愛中はこのＮＧＦの脳内レベルが上がっているというわけだが、おそらくこの点は強迫神経症と一番違うところではないだろうか?　恋をすると人には不思議な力が宿る。相手のためにいろいろなことをしてあげたくなる。それだけではなく自分自身も高め、相手に見合うような存在になりたいと思う。普段なら考えられないほど念入りにお化粧をし、あるいは身なりを整え、自分を素敵に見せたいと思う。精神に新しいエネルギーが宿り、違う人間に生まれ変わろうとする力を感じたりする。

これは私の想像であるが、これらの活力にＮＧＦが関係しているのではないか。まるで脳が成長を遂げる段階の、幼く柔軟で創造的な段階に戻ったような状態と考えることができるような気がするのだ。

恋愛感情と母性愛との違い

ところで読者の中には、恋愛感情と隣人愛や母性愛とはどこが異なるのかという疑問をお持ちの方も多いと思う。恋愛感情は激しく、また独特の純粋さを持つ。すでに書いたように、相手のためを思い、相手に見合うように自分を高めることに全精神力を注ぐのだ。しかしこの相手への愛の成就には、とても厳しい条件が加えられている。相手は自分以外の誰かに目を向けてしまっては困るのだ。その意味では極めて排他的で自己中心的な愛でもある。相手の幸せを願う一方で、その幸せが自分にとっての恋敵との間で獲得されるのであれば、決して相手のためにそれを喜ぶことはできない。恋敵との間でも幸せになってほしいと仮に望むのであれば、それはすでに恋愛感情ではない、別の種類の愛情と考えなくてはならない。

恋愛感情が持つこの不思議な性質を、通常の愛とは異質のものと認識したくなるのは当然であろう。そこにはいったいどのような相違があるのか。ここにも脳科学的な最新の知見が理解の助けとなる。

ゼキ博士によると、結局脳科学的には、恋愛感情と性的感情は脳の興奮部位としては非常に近いということだ。ともに前帯状皮質が興奮しているし、視床下部もそうだ。そしてこの視床下部は、母性本能が発揮される際には静かであるという。もちろん赤ちゃんからの乳房へのタッチはパートナーからのタッチとは違う。そしてその「違い」は視床下部が興奮しているかどうかということが決め手らしい。

恋は盲目ということの意味

ゼキ先生の研究の中で最も興味深いのは、恋愛がいかに盲目か、という点について、脳科学的な見地から光を当てたことである。ゼキ先生は、恋愛状態にある人の脳について、どの部分が興奮しているかと同時に、どの部位が抑制されているかについても調べた。彼は、恋愛の際に抑制されているのは前頭前皮質、頭頂・側頭連合野、側頭頂の三つの部分であるとした。そしてこれらはなんとメンタライゼーションに関わる部位であるという（文献47、25頁）。メンタライゼーションとは、改めて説明する必要もないかもしれないが、他人の心を感じ取り理解する行為であり、能力である。他人への共感や同情を可能にする基本的な能力と考えてもいい。そしてそれが恋愛状態においては抑制されているというのだ。そしてこのことが、恋が盲目であることにもかかわっている。恋をしている時、本当は相手が見えない状態になっている。相手の気持ちをわかる能力（メンタライゼーション）が低下しているからというわけだ。

この研究結果は、ある五〇歳代のストーカーの男性が語っていた話を思い起こさせる。彼は同じ部署の二〇歳代の女性の新入社員に付きまとったのだが、こんなことを言っていた。

「彼女が僕にお茶を入れてくれる仕草がとても優しく、絶対彼女は私に気があると思ったのです。」

「彼女がバレンタインデーにチョコレートをくれたので、もう間違いないと思いました。彼女はほかの社員にも配っていましたが、私にだけは本気でチョコレートを渡してくれたとピンときました。」「誘って断られても、本当は彼女は私を好きなのだと思っていました。『どうして自分の気持ちに素直になれないいんだろう』、と思っていました。」

わかるだろうか。このメンタライゼーションの完璧な機能停止が。

もちろん実際に恋愛状態にある私たちは、ここまで完璧に相手の気持ちが見えなくなるわけではない。ただし相手の気持ちを繊細に感じ取り、「相手から見た自分はどのように映っているのだろう？」という視点が弱くなるという可能性はある。というよりは「相手も私のことを好きなはずだ」という前提、ないしは思い込みは、実は恋愛の本質にあるのかもしれない。

「あなたは僕を好きになる運命にあったのだ」という思い込みは、実は恋愛を成立させる一つの大きな要素になっている可能性がある。考えてもみてほしい。世の中には多数のカップルが成立しているが、それらがいずれも出会った瞬間にお互いに「ビビッと」きた、とは考えづらい。どちらかが最初に「ビビッと」きて、相手に何らかのアプローチをしたはずである。「この人も私を好きかもしれない」という過剰な憶測を持って。そしてその際は「相手は本当は私のことをどう思うのであろうか？」という冷静な判断能力やメンタライゼーション機能は低下している。それが相手に「ひょっとしたら、相手が考えているように、私も相手のことを好きなのかもしれない」と思う気持ちを高める。精神分析では、これは「投影」としてよく知られている心の動きである。そしてこのメンタライゼーションの停止が、結果的に恋愛においてカップルを成立させやすくしているのではないか。そう考えるのは、あながち極端な発想ではないように思う。

報酬系と「オキ、バソ」

恋愛と報酬系の話は、重要なホルモンのテーマに結びつく。オキシトシン、バソプレッシンだ。医学部時代に生理学の授業で、脳下垂体の後葉というところから分泌される、互いに構造のよく似た二つのタンパクホルモンがある、と教わった。前者は子宮の収縮に関連し、後者は血圧上昇に重要な働きを持つ、ということであったが、それ以上の詳しい話はなかった。もう三〇年以上も前の話だ。その頃はあまり気にしていなかったが、最近この二つと報酬系の関係が盛んに論じられている。

報酬系との関連で大事なのは、この二つのホルモンのリセプター（受容体）が報酬系にたくさんあるということだ。動物の交尾の際には、例によって報酬系でドーパミンが大活躍する。このドーパミンが両ホルモン（オキシトシン、バソプレッシン。長いので、今後は「オキ、バソ」と呼んでしまおう。もちろん一般的にこのような呼び方はない。本書だけの約束である）の分泌を促すのだが、そこであることが促進されるという。それは交接の際の相手を記憶に焼き付けることだ。

この話をもう少し詳しくするために、有名なハタネズミの話をする必要がある。草原ハタネズミと山岳ハタネズミのことは御存知だろうか。私も別の本で論じたことがある。[37] 見た目はほとんど区別がつかないが、前者はモノガミスト（いわゆる一穴主義、一人の相手と一生を共にするタイプ）、後者は遊び人（遊びネズミ?）である。なぜ草原ハタネズミはモノガミストなのか？　それは彼らの報酬系にオキシトシン、バソプレッシンの受容体が豊富だからだ。つまり一度交尾すると相手のことを忘れないからであるという。

ゼキ論文はこのハタネズミに関する実験を紹介している。ある草原ハタネズミのオス、メスを接近させ、ただし交接ができないようにする（ひどいことをするものだ！）。そしてオスのハタネズミにオキ、バソの二つのホルモンを注射すると、「付き合ってもいない」のに、オスの個体は見事にモノガミストになるという。

なお同様の実験は、他の動物でも行われている。たとえば羊が赤ちゃんを産んだ時にもオキ、バソが分泌されるが、それにより自分の赤ちゃんを忘れなくなる。しかしその分泌を阻止することで、赤ちゃんを覚えられなくなってしまうという。

これは私の想像であるが、初期の「刷り込み」（ガンやカモが、生まれた時に見たものに刷り込まれて、たとえば人の後を追ってしまうということについてお聞きになったこともあるだろう）にも絶対にオキ、バソが関係しているだろう。ガンやカモが生まれた時には、それらが盛んに分泌されるから、その時見たものを覚えるのだ。これは考えればすごいことである。一目ぼれにも似た現象が関係しているのかもしれない。その人を見た時、扁桃核の細胞が感作されると同時に、オキ、バソが分泌されているのではないだろうか？　だからその人のことを忘れないのだ。そんなオキ、バソの受容体を豊富に持つ報酬系。報酬系は刷り込みや恋愛、相手への忠誠といった事柄にも関与している可能性があるのだ。

バソプレッシンも侮りがたい

ところで、「オキ、バソ」の内のバソの方、バソプレッシンについては、なんとなくオキシトシンの陰に隠れてあまり話にのぼらない印象を受ける。確かにオキシトシンは子宮収縮と射乳を促進するし、子宮にも乳房にもオキシトシンのリセプターが多く分泌している。しかし男性の場合にはオキシトシンが出ても、それに対してキュッと反応する子宮も持っていない。そのかわり男性の場合にはバソプレッシンがより大きな意味を持つことになる。バソプレッシンはオキシトシンと比べて少しアミノ酸の配列が異なっているだけで、大体両者は同じ構造を持っている（図17-2）。リングの中の一つのアミノ酸、側鎖の一つのアミノ酸が入れ替わっているという違いだ。そしてバソプレッシンはその名の通り、バソ（vaso 血管）をプレス（press 収縮）させて血圧を上昇させて維持する働きがある。

もちろんオキ、バソは発生的には同一のホルモンだったのであろう。そしてこれらの二つのホルモンの受容体は脳の至る所に分布し、特に報酬系に豊富であるということは述べた。そのうち草原ハタネズミ（モノガミストの方だ）は特に側坐核と扁桃核外側にバソプレッシンの受容体が多い。それに比べて山岳ハタネズミ（浮気症のネズミだ）は外側中隔野に多いという。この外側中隔野も報酬系の一部であり、第1章で登場したヒース先生が患者の脳に電極を埋めたところである。この分布の差が彼らの行動の差に大きな違いを生む。[16]そして山岳ハタネズミに、遺伝子操作により草原ハタネズミのバソプレッシンの受容体と同じ分布を表現させせると、つまりは報酬系でたくさんのバソプレッシンの

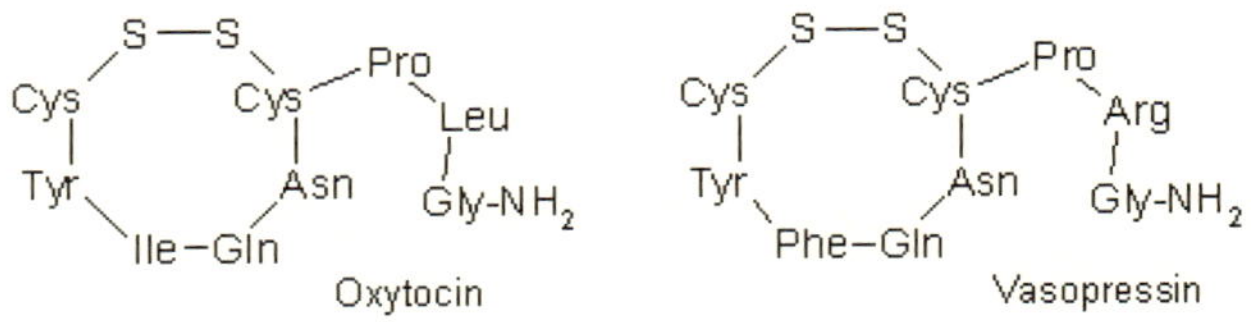

図17-2

受容体を増やすと、山岳ハタネズミは草原ハタネズミと同じように一夫一婦的になるという。このようにバソプレッシンもオキシトシンに負けずにつがい形成にさまざまな役割を果たしていることになる。

しかしオキ、バソには微妙な違いもあるという。オキシトシンは不安を和らげるが、バソプレッシンはむしろ不安を高め、嫌いなものを見分ける際に関与する。オキシトシンは本来「信頼ホルモン」と呼ばれているように、見ず知らずの相手に対して惹かれて近づく時にこれが介在している。通常動物でも人間でも、雄雌どうしはなかなか打ち解けず、近づかないものだが、オキシトシンが介在することでぐっと両者が近づき交尾が成立する。

ところがバソプレッシンの方は嫌いなものを見分けることに関与するという。嫌いな相手に対しては「あんたなんかイヤ！」という反応を起こす働きがあるのだ。そもそもつがいの相手を選択するときは、惹かれるか、撃退するかのかなり明確な行動が必要となり、後者をバソプレッシンが担当していると考えられる。動物の行動を見ていると、動物界では一般に、メスの前で恋の争いをするオス同士がバトルを繰り広げるが、その勝敗が決まると、メスは負けたオスには見向きもせず、ケンもホロロの扱いをする。そこはバソプレッシンの担当。そして勝ったオスの方に秋波を送るが、こちらはオキシトシン担当なのだ。

美人を見ると報酬系は光る

「男と女の報酬系」というテーマなので、ぜひ女性と美というテーマにも触れておこう。コンビニや駅のキオスクの売店に並んでいる週刊誌の表紙をざっと眺めてみよう。表紙に映っている美人の顔、顔、顔。もちろん決して表紙に顔を載せまいと頑張っている雑誌もある。しかしそれ以外は、客が週刊誌を手に取る誘いとして、美人の微笑を用いていることは間違いない。

不思議なことに、使われるのは妙齢の女性の写真ばかりである。週刊誌が御老人の顔を表紙に用いる？　おじさんの横顔を持ってくる？　普通そういうことはないのだ。昔の週刊誌、月刊誌はもう少しバラエティがあった気がする。小学生向けの雑誌は、必ず楽しげな男女の子どもの絵を用いていた。週刊新潮は谷内六郎の絵。硬派な「朝日ジャーナル」などは、表紙には何も描かれていなかったりした。ところが最近は子ども用の漫画雑誌にもアイドルの女性の笑顔が映っているのはなぜだろう？

もう少し言えば、テレビに出てくる女性アナウンサーやキャスター、お天気お姉さんはどうだろう。すべて美女、美女、美女。一体日本はどうなっているのだ！……と言うような主張では、実は全然ない。私たちは美人が報酬系にもたらす効果に全面的に屈している、ということである。人は美しい顔を見るのが快感なのだ。

報酬系と美の関係をもう少し探ってみる。ゼキ先生は、美しい顔を見ることとそれを性的対象と感じることは類似した脳の部位を刺激するという。そしてそれらの部分としては眼窩前頭皮質、島皮質、前帯状皮質をあげている。これらの部位はもう何度も出てきているのでご存じだろう。報酬系の主要な部位である。しかしゼキ博士の興味深いのは、魅力的な顔と、愛する人の顔は両方とも、共通してある二つの部位を抑制することを示したことだ。それらは前頭前野と扁桃体であり、それにより相手に無批判的になってしまうということだ。彼はここで特に眼窩前頭皮質の持つ意味について強調している。この部位は扁桃体や前帯状皮質、被殻、尾状核といった部位とつながっている。だから美と愛とはひとつながりのものとして体験されるのも無理はないといっているのである。

美人と「商品価値」（失礼！）

このタイトルは問題だと思われる方もいるだろう。「女性を商品と見なす発言だ」と言われそうだ。しかし私の意図はそうではない。美人の顔は、それに関わっている商品の価値を上昇させるという客観的なデータがある。そしてそれがなぜ、雑誌の表紙に美人の顔が使われるのか、モーターショウには、なぜ各車ごとに美女が横で微笑んでいるのか、という問題につながる。第1章で快の文脈性ということを論じたが、快にはお互いがお互いを増強しあうという性質がある。食事をしている時には報酬系刺激はその味をより美味にする。性的刺激を受けている時はそれをより刺激的にする、というふうに。これはより一般的に言えば、ひとつの報酬刺激が、別の報酬刺激による快感を増幅してくれる、ということなのだ。アンフェタミンやコカインを使用する人たちは、それが性的快感を何倍にも増幅すると、異口同音に言う。つまり嗜癖を有する人は、コカインそのものの快感だけでなく、それを用いた上での別のソースによる快感を増幅し、楽しむのだ。

このことが美女を見る快感にもつながるということを示した興味深い実験がある。ノルウェーのオスロの研究グループによれば、麻薬を少量用いて、報酬系を刺激したうえで、美人の写真を見せると、被験者はその「美女スコア」により高い点を付け、またその写真を眺める時間が増すという。[10] ここで興味深いのは、普通の人、つまりそれほど魅力的でない人の写真を見た時には、この麻薬の影響はなかったということだ。すなわちもともと報酬系を刺激しないものについては、増幅効果は表れなかったということだ。

私が「美人は商品価値を上げる」と言う時、この研究を根拠にしたということを理解していただきたい。美人の表紙が雑誌を飾っていると、表紙に並んでいる刺激的な記事の見出しは、より面白く刺激的に見え、思わずそれを取ってレジに並ぶというわけだ。あるいはモーターショウで車の横で微笑んでいる美女を見ると、その車はよりかっこよく見え、購買意欲を増すということだろう。もちろん逆の関係もある。素敵なドレスやきらきら光るネックレスは、美女の顔を引き立たせることになる。

問題は、引き立たせるものと引き立たせられるものが、両方とも快感刺激である必要があることだ。これを間違えるとマーケティング戦略はうまく行かない。美女がその隣で微笑んでいる車が、全く何の変哲もない車だったり、美女の表紙の横の見出しが少しも魅力的でないなら、売り上げは伸びないだろう。またこんなこともいえる。せっかくきれいなドレスや、真珠のイヤリングをしても……。いや、ここで止めておこう。

第18章　磨かれた報酬系と偉大な魂

ホセ・ムヒカ氏の話

ホセ・ムヒカ元ウルグアイ大統領の話をしよう。このテーマにぴったりの人だ。百聞は一見にしかずである。まずこの写真（図18-1）。二〇一三年のウルグアイ政府の式典での姿である。いいなあ。こんな老人になりたいものだ。周囲に失礼に思われないか、も含めて全然気にしていない感じ。しかしさすがに大統領になると他の人に気を使う必要はないのだが、この人、オバマさんに会ってもプーチンさんと会見してもノーネクタイだったという。

読者はムヒカさんと報酬系とがどう関係があるのかと思うだろうが、実は大有りである。報酬系も成長し、成熟する。精神修養により洗練され、磨かれもする。報酬系のあり方はその人そのもの、といってよい。質のよい、ハイレベルの報酬系は教養と知性の裏づけがあって初めてできる。それは自分にとっても他者にとっても有益なものであるが、容易に達成することはできない。ムヒカ氏の魂は、

図 18-1 ムヒカ氏の誇り高き軽装ぶり。副大統領と財務相を両側に従えて。2013 年の政府セレモニーにおいて（AP Photo/Matilde Campodonico）

その好例といってよい。

本章の題を「磨かれた報酬系」としたが、私のイメージする報酬系の偉大さとは次のようなものである。それは将来の快、不快を敏感かつ正確に予期する。もちろんその予測不可能性も含めてである。またその快や不快は基本的には他者が体験するものも含む。その快や不快が達成（または回避）されるための筋道もよくわきまえている。ただしその結果、すなわち実際に快を体験できたか、不快を回避できたかに関しては、そこに大きな感激や失望は伴わない。歓喜の涙にむせぶことも、絶望して死にたくなってしまうこともない。人間としてどっしりしていてブレが少なく、やたらと一喜一憂せず、そこから生まれる精神的な余裕のために人にも優しい。

私はこの種の偉大な魂の片鱗を持つと思える人に出会ったことがあるが、彼らは他人を特に恨まないし自己愛におぼれることもない。淡々としているのである。あえて彼らをシンプルに形容するならば、「過剰な期待をしない」人たちなのだ。もちろん彼らは周囲に向けて自己主張をするし、期待もする。でもそれが受け入れられないときの失望は、ある程度予期されているので、短時間で終わる。せいぜい二、三日引きこもる程度だ。だから失望させられた相手への怒りも、たとえそれが生じたとしてもすぐ止む。「ああ、そうなんだ……」で済ますことができるようである。

もう少し具体的に書こう。偉大な魂は、たとえば快を得るためにAという方針を持ち、その実現に向けて動くとしても、それがかなわなかったときの代替的な方針Bも心に用意できている。だからAが実現しなかったことは、失望体験ではあっても尾を引くようなことはない。また方針Bを用意しないほどにAの実現を確信していて、それが叶わなかったとしても“It's not the end of the world”（「それでこの世がなくなるわけでもないし」）と諦めることができる。その場合、彼はこれまで持っていた世界観を少し改変、ないし微調整する必要が生じるかもしれない。またこの体験で彼が本当にAを諦めきっているかと言えば、実はそうではないかもしれないのである。

Aが実現しない場合にその人が比較的平静でいられるのは、Aが実現した際のデメリットを心得ているからであろう。Aがたとえかなり大きな喜びを与えることであるとしても、その事情は同じである。たとえばある人が政治家を目指して選挙に立候補する。当選した場合の快は計り知れないと感じる。しかし彼は当選により失うもの（平穏な生活、自分の家族や趣味に使える時間とエネルギーなど）も予測している。すると落選も当選も、どちらも喜び安堵する部分と喪失する部分を伴うことになる点ではあまり変わりないことになる。いずれにせよどちらが生じても、“It's not the end of the world”なのである。そしてこのような心構えは、当選することをただ夢想したり、落選して絶望の淵に落とされるような心の在り方とは大きく異なるのだ。

ムヒカ氏の話に戻る。ウルグアイ第四〇代前大統領。二〇一〇年から二〇一五年の間務めた。彼の有名な言葉に次のようなものがある。「貧しい人とは、あまりものを持っていない人のことではなく、もっと欲しがる人のことを言う」。

一九三五年五月、貧困家庭に生まれ、家畜の世話や花売りなどで家計を助けながら育った。一九六〇年代に入って都市ゲリラ組織「ツパマロス」に加入。一九七二年に逮捕された際には、軍事政権が終わるまで一三年近く収監された。二〇〇九年十一月ウルグアイ大統領選挙に当選し、二〇一〇年三月一日より同国大統領を務めた。

大統領在任中の逸話には事欠かない。大統領公邸は用意されているものの、自宅の農場のトタン屋根の家に住み、収入の九割を寄付しているため生活費は月に一〇〇〇ドルほど（約一〇万円）しかなかったという。車は一九八〇年代のおんぼろフォルクスワーゲン。大統領だがネクタイをつけることも嫌がる。「最も貧乏な大統領」と呼ばれた。ムヒカ大統領の下でウルグアイは、人工妊娠中絶や同性婚を認め、マリファナの生産や販売を合法化した。マリファナの合法化は世界初だったが、これには批判を浴びたという。

極貧に生まれ、家計を育てながら育ったというところは、かの元都知事と同じだ。しかし同じような生い立ちでもどうしてあんな差がついてしまったのだろうか？　こちらの方は政治資金を生活費に流用し、財テクに励み、公用車を使って別荘に行き来していたのである。

ここで磨かれた偉大な魂と普通の魂の違いを報酬系という視点から考える。元都知事は、「普通の魂」の代表、ということになる。あくまでも彼は普通だ、と私は言いたい。なぜなら都知事という巨大な権力の座についた人間は、おそらく真っ先に報酬系をやられてしまう。自分が動かすお金が巨大で、ふるう権力が大きい場合に、人の脳に何が起きるのか。ちょうど報酬系を強く興奮させるような薬物を体験した人と同じではないか。人はそれを常習したくなる。一度味わった権力の味は容易には忘れられず、繰り返しそれを味わおうとする。別荘通いをし、趣味のネットオークションで美術品を競り落としてはほくそ笑む。「やった、これでうん十万円いただき。取っておいて後で売ろう……。」ものすごく庶民的だけど、これが楽しい人にとってはたまらないのではないか？　毎日釣りに行って、はぜを何尾か釣り上げることに夢中になるのと似た感覚ではないだろうか？　少しづつコツコツと懐を温めているといった感覚がたまらなかったのではないか。そこがまたセコいといわれてしまう原因でもあろうが。

ムヒカ氏も大統領に就任して巨大な権力を手にし、似たような体験をしたはずである。しかし彼はそれを常習とするのではなく、むしろ拒絶した。その精神力たるや凄まじいものであろう。一度は味見くらいはしたであろう麻薬を目の前に積まれ、それをゴミ箱に捨てるような勇気。普通だったら考えられない行為を彼は行ったのである。世界中の政治家を探しても例がないような、給料の九割返上を平然と行ったのだ。

私はおそらくムヒカ氏は現代の岩窟王であろうと思う。しかしモンテクリスト伯は十四年間獄に繋がれ、出獄した後に復讐を遂げた。一方、十三年収監されたムヒカ氏は復讐を遂げる代わりに清貧に徹した。ムヒカ氏こそ偉大な魂と言うべきだろう。ちなみに南アフリカのネルソン・マンデラは二十七年の刑務所暮らしをし、一種の悟りを開いたような姿で出獄したが、ムヒカ氏と双璧であろう。

ムヒカ氏の十三年間の体験と、彼の磨かれた報酬系とはおそらく深いつながりがあるのであろう。ムヒカ氏はおそらく牢獄で、幸せとは何かを徹底して考えたはずだ。そして少なくとも彼にとっては、それは物質的な豊かさではないという結論に行き着いたはずだ。それよりさらに自分を満足させるものの存在に気が付いたのであろう。

ムヒカ氏について、もう少し報酬系との関連で考えよう。ムヒカ氏は獄中で、再び出獄して権力を手に入れ、物質的な豊かさを得ることを想像して、そこに満足を予知できたのであろうか？　そうではなかったのだろう。もちろんいい車を運転し、設備の行き届いた公邸に住むことそれ自体は満足感をもたらすであろうが、それは同時に何らかの不快や空虚さを感じさせたに違いない。ここからは私の想像であるが、ムヒカ氏にとっては自分の物質的な満足と、他人の不幸とが表裏一体であると感じられたのではないか？　誰でも豪華な食事をとることはうれしいかもしれない。しかし同じテーブルの隣に座っている人がほとんど具の入っていない薄いスープしか啜っていないとしたらどうだろう？　普通の神経をしていたならその豪華な食事も喉を通らなくなってしまうに違いない。ムヒカ氏が給料の九割を返上する裏には、何かそのような心が動いているとしか考えられない。磨かれた報酬系では、自分の満足や不幸だけでなく、他者の満足や不幸もその快の方程式の中に入ってきてしまう。

このように考えると、磨かれた報酬系はむしろその人に十分な満足を与えないのではないか、と私たち凡人は考えてしまいそうだ。しかしそうではない。磨かれた報酬系は他人の満足をも、自分の満足として味わうことができるのだ（しかしそれにしては、ムヒカはどうして肥満しているのだろうか？　決して豪華とは言えないもの、ジャンクフードなどを「飽食」しているのだろうか？　まあ誰もそれを咎める人はいないだろうが。むしろ彼もまた自分を甘やかす部分を持つということは私たちを安心させてくれる)。

ここで磨かれた報酬系とは、「物質の摂取による満足だけで満たされることなく、精神的な満足を得る心の仕組み」として理解してよいだろうか？　否、必ずしもそうではない。精神的な豊かさを得ながら、自閉的、自己愛的である人はいくらでもいるからだ。数学的、物理学的な才能がある人にとっては、数式を扱うことはそれだけで大きな満足を与えるであろう。ピアノの才がある人にとっては、一日何時間もの演奏は喜びをもたらすはずだ。しかしそのような満足を追い求める人が自室にこもって快にふけるだけでは、そこに一種の崇高さを感じたとしても、それを偉大だとはあまり思えない。「勝手に一人でやって！」とも言いたくなる。部屋にこもってゲーム三昧の人と本質的にどこが違うのかを考えていくと、よく分からなくなってしまう。

もちろんこのような報酬系を持つ人は、他人にとって害にはなってはいないだろう。その意味では自己愛的な人たちとは違う。むしろ内向的、自閉的なのだ。しかしその人の満足体験が、周囲の人のそれに連動していてこそ、人はそれを偉大だと感じるはずだ。つまり愛他性がその人にとっての満足の源泉になっていることが偉大なる魂にとって必要なのである。

偉大な魂はブレない報酬系を持つ

最後に偉大な魂と愛他性の問題について触れたい。物事に固執せず、余計な期待をせず、諦めがいい心と愛他性問題はどのように関連しているのだろうか？　あるいは両者に果たして関連性はあるのか？　実はあるのだ、と私は考える。

愛他的であることは、自己愛的な満足を得ることとは対極的である。自己愛的な人とは、他人から満足体験を吸い取る人である。人が自分に振り向かなかったり、自分を称賛しなかったりすると不満に感じ、怒りを覚えるのだ。愛他性の場合は、他者からの関心、愛情という入力ではなく、自分からの出力が問題となり、それは出力である以上自分のコントロール下に置くことができる。人から愛される保証はなくても、人を愛することはいつでも好きなだけ可能なのである。

ただし「諦めのよさ」それ自体は、愛他性と常に一体とはなっていない。愛他的であることは「諦めのよさ」に貢献する要素であるとしても、愛他性を含まない諦めのよさもある。たとえばプロの株のトレーダーを考えよう。一つの銘柄で思いがけない損失が出たからといってアツくなることなく、それはそれで諦め、善後策をもって冷静に対応するだろう。他方投資の依存症に陥っている人の場合は、損失が出ると諦めるどころか一気にカーッとなって、それを取り戻そうと、さらに無理な投資をするかもしれない。優秀なトレーダーであるということは、例の射幸心がいたずらに刺激されないことである、と言い換えることができるかもしれない。しかし私の中では、それは死生観ともつながっていく。というかそちらに結び付けていかないと話が面白くない。

もし自分の命が近い将来奪われるとしたらどうだろう。そこでパニックに陥る人もいれば、比較的平然と受け止める人もいるだろう。後者の場合に何が起きているかといえば、その人は常にいつ死んでもおかしくないという覚悟を持っているのであろう。でもそれは現在の生の喜びをいささかも減じることはないのである。私の出会った偉大な魂たちは少なくともそうであった。今体験していることは喜びを与えてくれる。しかしそれは同時にいつ失われてもおかしくないという覚悟がある。これはどのような報酬系の仕組みなのだろうか？　それは今の喜びがたまたま、偶然に得られたという自覚があるということではないだろうか？　この喜びは確かなものだが、それがこれからも続く保証はない。そのことが分かっているということだ。

結局報酬系が鍛えられ、磨かれるとはどういうことかを考えた場合、一つの答えは、予想した快を得られなかった際の苦痛を最小限に抑えるような心のトレーニングを、その人がいかに積んでいるかということだと思う。過剰な期待とそれに続く失望は明らかに人の心にとってのストレスである。それを防ぐためには、報酬系は快の予想をした後に、心の中でそれが得られなかったことを想定し、その目減らしをすでに開始するのではないか。つまり彼の報酬系におけるドーパミンの反応は、喜びの後はそれを失う心の準備を開始するという意味で、常に二相性のカーブを描くのではないか？　彼は体験がことごとく刹那的であり、いずれは失われるものという見方を常にしている。将来の喜びは、「それが起きることがうれしい」のではなく「それがもし起きたらうれしい」という仮定法でしか体験されず、またそれが実現した瞬間には、常にそれを失う心の準備をするように報酬系が訓練されているのである。

以上、本章では磨かれた報酬系の二つの特徴を示した。

その働きは基本的には愛他性に基づくため、他者による失望の要素は軽減されている。そしてそれはより報酬系を自分のものとすることを意味するのだ（つまりはそこでの快、不快を他者の手にゆだねることが少ないということである）。

先取りした快はあくまでも「仮説的」であり、条件付きのものとして体験される。そのために過剰な期待を抱いた末の失望という要素が極力少なくなっていると考えられるのだ。

第19章　幸福な人の報酬系

イギリスの脳科学者エレイン・フォックスElaine Fox先生の著書『脳科学は人格を変えられるか?』[19]が最近話題となった。原書の英語の題である"Rainy Brain, Sunny Brain"は「雨の日の脳、晴れの日の脳」と訳せるが、要するにいつも晴れの天気のような楽観的な人と、いつも心配事や悪い予測をしている悲観的な人との差はどのように生まれるか、という研究の本である。最近ではＮＨＫ・Ｅテレ『心と脳の白熱教室』(二〇一五年七月二四日)にも著者本人が登場し、私も見て大いに学んだ。

私たちの中には、確かに楽観的な人と悲観的な人がいる。私は地下鉄の駅をできるだけ小走りで駆け下りるようにしているが、それは地下鉄では、私がホームについたとたんにドアが閉まるようなシステムが出来上がっていると確信しているからだ。だから少しでも早く階段を駆け降りてそのような体験を回避しようと思うが、地下鉄の方が一枚上手である。私が駆け下りるスピードに合わせて、向こうも一瞬先にドアを閉めるようなシステムになっているらしい。日本の地下鉄網はなんと用意周到なのか……。などと思うとしたら、私は「雨の日の脳」ということになる(いや、むしろ被害妄想に近いか)。

それほど極端ではないにしても、ネガティブなことばかりに目を向けて、「俺はどうせダメなんだ」という人と「うん、やはり俺は『持って』いる」と思う人の二通りがある。ただしこれはかなり大雑把に分けた場合だ。おそらく私たちの大部分はその中間のどこかに位置しているのではないか。

同じことが起きても、全然気にしない人もいれば、くよくよ悩む人もいる。これを心理学では認知バイアスという。これは結構大事な概念で、ある種の認知のゆがみが人をうつにしたり、死にたい気持ちにさせたりするという理論に関連する。実際に認知療法がうつの精神療法の第一選択と考えられるのも、いかにこの認知と気分の問題が関係しているかの証明と言えよう。ウィンストン・チャーチルはこう言っているそうだ。「悲観論者はすべてのチャンスに困難さを見出し、楽観論者はすべての困難にチャンスを見出す。」

フォックス博士は著書の中で、悲観的な脳とセロトニン・トランスポーター遺伝子との関連について述べている。この遺伝子は要するに脳のセロトニンの量を調節する遺伝子だと思えばいい。これには短い遺伝子（S）と長い遺伝子（L）があり、二つの短い遺伝子（SS）を持つとセロトニンの量が低下し、二つの長い遺伝子（LL）だと量が増大する。非常に省略していうならば、前者はうつになりやすく、後者は逆、そしてSとLを一本ずつ持つ人は中間ということになるだろう。

さて興味深いのは、SSの人がLLを持つ人に比べて余計うつになりやすいかというと、そういうことはないということだ。両者でうつになる比率は変わらない。問題は人生上のストレスが三つ以上重なった時にSSの人はLLの人よりはるかにうつになりやすいという研究結果があるということだ。

「雨の日脳」とセロトニン

フォックス博士は、「雨の日脳回路」というものを考える。それは基本的にはアラームシステムとしての扁桃核と前頭葉の結びつきであるという。アラームシステムは「雨の日脳」の人は特に発動しやすい。ちょっとした不都合な事態でも「大変だ!!」ということになりやすいのだ。ところが前頭葉は「前も大丈夫だったでしょ。今度も大丈夫、大丈夫」ということになる。雨の日脳の人は、この扁桃核と前頭葉の協調が、どちらかと言えば活発ということになる。

では「晴れの日脳回路」とは何か？　ここでやっと出てくるのが、側坐核を中心とするわれらが報酬系だ。この回路は結局側坐核―前頭葉の回路ということになる。「晴れの日脳」の人は心地よいことを考えることに慣れ、それを常に志向するということだ。それが報酬系に適切な刺激を与え、楽観的な気持ちを生むことになる。

フォックス博士の研究に、カードを使った興味深い検査がある。被験者に心地よい感情を起こす絵と、不快な絵をたくさん見せる。それぞれのカードの一部にはマーキングを施しておく。被験者はそのマーキングのあるカードを見た瞬間にボタンを押すという作業をする。すると「晴れの日脳」の人は、マーキングが心地よい絵についている場合の方が、不快な絵についていた場合より若干早くボタンを押す傾向が見られた。そして「雨の日脳」の人の場合はその逆に、不快な絵についたマーキングにより早く反応したという。さらに面白いのは、「雨の日脳」タイプの反応をしていた人に、「晴れの日脳」タイプの反応をする練習をしてもらうことで、彼らは次第に「晴れの日脳」的な思考をするようになったというのである。つまりコンピューターを使ってトレーニングをすることで、悲観的な人も楽観的になれるというわけだ。本当だろうか？

一つの教訓がある。世の中には、報酬系をいつもマイルドな形で興奮させている人たちがいる。「ああ、気持ちいいなあ、面白いなあ」と思いながら生きている人たち、幸せな人たちだ。究極の「晴れの日脳」保持者と言っていい。彼らは幸い人に対する嫉妬や羨望の感情が薄い。さもないとこの競争の多い社会で安定した気持ちで社会生活を送ることなどできないからだ。すると周囲の人もその人といて心が和むし、事実彼らは周囲の人々に幸せを運んでくれる傾向にある。

ただし人間には報酬系をもっと過激に興奮させたいという欲求が常に潜んでいる。ある快を味わうと、さらにその上を求め、それがその人の人生を破綻に導く。高邁な精神を備えた人なら、その欲求に自らが歯止めをかける。「衣食足りて礼節を知る」というが、衣食がほどよく保たれることで緩やかに刺激された報酬系に満足すれば、そこにつつましい幸福が待っている。しかしそれで満足できるような高邁な精神だけではないのだ。そして現代社会が報酬系過剰刺激の拍車をかける。コンビニに行けば二四時間、安く口当たりのいい飲食物が提供される。手元においておけば始終楽しむことのできる魔法の機械（別名スマホ）がある。報酬系刺激はほどほどに、という原則は、それを破ることへの歯止め（お金の損失、労力）があって守られる。現代社会はその歯止めを失いつつあるのである。

幸福な人の脳の最新情報

本章の執筆を終えようとしている時に、ある情報が入ってきた。日本人の研究だ。(33)自然科学研究機構（定藤規弘教授ら）の共同研究グループは、ＭＲＩを用いて、幸せに関連する脳領域を構造面・機能面から調べたという。その結果、幸福度が高い人ほど内側前頭前皮質の一領域である吻側前帯状皮質という脳領域の体積が大きく、その大きさはポジティブな出来事に直面した時のその部位の活性化と関連しているということが明らかとなった。これまで幸福感には、持続的な幸福と、一時的な幸福の二側面があることが知られていたが、今回これらの幸福の二側面が共通の神経基盤（吻側前帯状皮質）を持ち、持続的な幸福はその体積に、一時的な幸福はその部位の活動高進に関係していることがわかったという。こうして私たちの体験する快の脳内基盤は着々と明らかになりつつある。いつか快・不快という最も謎めいた体験に本格的な光が当てられる日も近いのかもしれない。

文献

（1）American Psychiatric Association: Diagnostic and Statistical Manual of Mental Disorders, Fifth Edition (DSM-5). American Psychiatric Publishing, 2013.『DSM―5 精神疾患の診断・統計マニュアル』（日本精神神経学会監修）医学書院、二〇一四

（2）Anselme, P., Robinson, M. J. F.: What motivates gambling behavior? Insight into dopamine's role. Front. Behav. Neurosci., December 2013, Volume 2, article 182, pp.1-4.

（3）Ariely, D.『ずる――嘘とごまかしの行動経済学』（櫻井祐子訳）早川書房、二〇一二

（4）浅田次郎『一刀斎夢録』文芸春秋社、二〇一一

（5）Barfield,W.: Cyber-Humans: Our Future with Machines. Copernicus Pbl., 2015.

（6）Berns, G.『脳が「生きがい」を感じるとき』（野中香方子訳）日本放送出版協会、二〇〇六

（7）Breuning, L. G.: Self-Harm in Animals: What We Can Learn From It. Self-destructive behaviors get repeated until they're replaced. Posted May 21, 2013 at Psychology Today Website, 2013.

（8）Carlson, J. M., Cha, J., Fekete, T., Greenberg, T., Mujica-Parodi, L. R.: Left medial orbitofrontal cortex volume correlates with skydive-elicited euphoric experience. Brain Struct. Funct. Nov 7, 2015.

（9）Chase, D. L., Koelle, M. R. et al.: Biogenic amine neurotransmitters in C. elegans. (In) The WormBook, the Online Review of C. elegans Biology, Edited by Erik M. Jorgensen and Joshua M. Kaplan, 2007.

(10) Chelnokova, O., Laeng, B., Eikemo, M., et al.: Rewards of beauty: the opioid system mediates social motivation in humans Molecular Psychiatry, 19: 746-747, 2014.

(11) Clark, L., Lawrence, A. J., Astley-Jones, F., and Gray, N.: Gambling Near-Misses Enhance Motivation to Gamble and Recruit Win-Related Brain Circuitry. Neuron. 61(3): 481-490, 2009 Feb 12.

(12) Corballis, M.『意識と無意識のあいだ』(鍛原多惠子訳) 講談社ブルーバックス、二〇一五

(13) Csikszentmihalyi, M.: Flow: The Psychology of Optimal Experience. New York, Harper and Row, 1990.『フロー体験——喜びの現象学』世界思想社、一九九六

(14) Csikszentmihalyi, M.: Finding Flow: The Psychology Of Engagement With Everyday Life. 1995.

(15) Csikszentmihalyi, M.: Living in flow—the secret of happiness with Mihaly Csikszentmihalyi at Happiness & Its Causes.TED, 2014.

(16) de Boer, A., van Buel, E. M., Ter Horst, G. J.: Love is more than just a kiss: a neurobiological perspective on love and affection. Neuroscience 201: 114-124, 2012.

(17) Fechner, G. T.: Nanna oder über das Seelenleben der Pflanzen. 1848.

(18) Fisher, H.: Anatomy of Love. Ballantine Books, 1994.

(19) Fox, E.: Rainy Brain, Sunny Brain: How to Retrain Your Brain to Overcome Pessimism and Achieve a More Positive Outlook. Basic Books, 2012.『脳科学は人格を変えられるか?』文芸春秋、二〇一四

(20) Freud, S.: Formulations on the two principles of mental functioning. SE, 12: 218-26, 1911.「精神現象の二原則に関する定式」『フロイト著作集6』人文書院、一九七〇

(21) Goode, E.: Do Firefighters Like to Set Fires? Just an Urban Legend, Experts Say. New York Times, July 9, 2002.

(22) Grossman, D.『戦争における「人殺し」の心理学』(安原和見訳) ちくま学芸文庫、二〇〇四
(23) Heath, R.: Exploring the Mind-Brain Relationship. Moran Printing, Baton Rouge, 1996.
(24) 平尾和之「夢のニューロサイコアナリシス」『ニューロサイコアナリシスへの招待』(岸本寛史編著) 誠信書房、二〇一五
(25) 法務省『犯罪白書』二〇一五
(26) インベカオリ「サドル窃盗男が起こした『私は変態じゃない』裁判」『新潮45 四月号』二〇一六
(27) 伊佐千尋『阿部定事件――愛と性の果てに』新風舎文庫、二〇〇五
(28) Kouros, Y.: A War Is Going On Between My Body and My Mind. Ultrarunning, March 1990, p.19.
(29) Leonard, D. B.: How to Worship the Goddess and Keep Your Balls: A Man's Guide to Sacred Sex. Roast Duck Producktions, 2012.
(30) Linden, D. J.『快感回路――なぜ気持ちいいのか なぜやめられないのか』(岩坂彰訳) 河出書房新社、二〇一二
(31) 前坂俊之(編)『阿部定手記』中公文庫、一九九八
(32) 松田崇志「記憶の抑制に対する効果的な方略の検討――Think/no-Think パラダイムを用いて」『人間社会環境研究15』二〇〇八、一八九―一九七
(33) Matsunaga, M., Kawamichi, H., Koike, T., Yoshihara, K., Yoshida, Y., Takahashi, H. K., Nakagawa, E., Sadato N.: Structural and functional associations of the rostral anterior cingulate cortex with subjective happiness. NeuroImage. 二〇一六年四月一三日オンライン版掲載
(34) ＮＨＫスペシャル取材班『だから、男と女はすれ違う』ダイヤモンド社、二〇〇九
(35) O'Connor, R.: The Science of Self-Mutilation. National Geographic Blog June 22, 2012.

(36) 岡野憲一郎『脳科学と心の臨床』岩崎学術出版社、二〇〇六
(37) 岡野憲一郎『脳から見える心』岩崎学術出版社、二〇一三
(38) Pulipparacharuvil, S., et al.: Cocaine regulates MEF2 to control synaptic and behavioral plasticity. Neuron 59(4): 621-633, 2008.
(39) Sartre, J-P.『存在と無』（松浪信三郎訳）ちくま学芸文庫、二〇〇七
(40) Seligman, M. E. P.: Authentic Happiness: Using the New Positive Psychology to Realize Your Potential for Lasting Fulfillment. New York, Free Press, 2002.
(41) 田房永子『母がしんどい』ＫＡＤＯＫＡＷＡ／中経出版、二〇一二
(42) 富沢克、古賀敬太（編著）「二十世紀の政治思想家たち――新しい秩序像を求めて」ミネルヴァ書房、二〇〇二
(43) Ulricha, M., Keller, J., Hoenigc, K. et al.: Neural correlates of experimentally induced flow experiences. NeuroImage, 86: 194-202, 2014.
(44) Von Hippel, W., Trivers, R.: The evolution and psychology of self-deception. Behavioral and Brain Sciences 34: 1-56, 2011.
(45) 安永浩『分裂病の論理学的精神病理――「ファントム空間」論』医学書院、一九七七
(46) Yoshida, K., Sawamura, D., Inagaki, Y., Ogawa, K., Ikoma, K., Sakai, S.: Brain activity during the flow experience: a funtional near-infrared spectroscopy study. Neurosci. Lett. 2014 Jun 24; 573: 30-4.
(47) Zeki, S.: Minireview. The neurobiology of love. FEBS Letters. 581: 2575-2579, 2007.

あとがき

本書を校了し、私は報酬系についてやっと言いたいことの三分の一ほどが言えた、という感じがする。でも今はこれ以上はとても書けないという自覚もある。それは快や報酬系についてはわからないことがあまりに多すぎるからだ。脳科学の研究は日進月歩である。特に最近の脳科学の進歩は著しく、MRIやPETなどが次々と脳の働きを画像で示してくれている。しかし快楽の本質は依然として不明である。一体快とは何か？　私たちはなぜそれを追求するのか？　動物はどのレベルで快楽を体験するのだろうか？　「Cエレ君」は結局気持ちよさを知っているのだろうか？　オスのカマキリはメスに進んで貪り食われる時に、心地よさに打ち震えているのだろうか……。快を探求することは、心を、人間を、生きるということを探求することに等しく、その謎は知れば知るほど深まる。私のこのテーマについての思索はこれからも続いていくのだ。

本書はいつもの通り多くの人の助けのもとに成立した。発想の源は日ごろ出会う人々であり、生徒たちであり、家族との体験である。まず彼らに感謝したい。また本書の内容は私の本業である大学の教員や臨床医と深くかかわってはいるものの、その本業以外の時間を使って書かれている。そのようなことが許される境遇そのものを非常にありがたく思っている。

原稿はいつもどおり加藤直子先生（臨床心理士）に詳しく読んでいただき、多くの貴重な示唆をいただいた。この場を借りて心から感謝を申し上げる。また常によき読者かつ編集者として常に励ましの眼差しをいただいている岩崎学術出版社の長谷川純様にも深くお礼を申し上げたい。

また本書の執筆が終わった頃に、私の父が他界した。優しくておおらかで、ちょっと短気な父だった。本書はその霊前にささげたい。

平成二九年　夏

著　者

索　引

あ行

か行

さ行

た行

な行

は行

ま行

や行

ら・わ行

アルファベット

著者略歴

岡野憲一郎（おかの　けんいちろう）

1982年　東京大学医学部卒業，医学博士

1982～85年　東京大学精神科病棟および外来部門にて研修

1986年　パリ，ネッケル病院にフランス政府給費留学生として研修

1987年　渡米，1989～93年　オクラホマ大学精神科レジデント，メニンガー・クリニック精神科レジデント

1994年　ショウニー郡精神衛生センター医長（トピーカ），カンザスシティー精神分析協会員

2004年　4月に帰国，国際医療福祉大学教授を経て

現　職　京都大学大学院教育学研究科臨床心理実践学講座教授
米国精神科専門認定医，国際精神分析協会，米国及び日本精神分析協会正会員，臨床心理士

著訳書　恥と自己愛の精神分析，新しい精神分析理論，中立性と現実——新しい精神分析理論2，解離性障害，脳科学と心の臨床，治療的柔構造，新・外傷性精神障害，続・解離性障害，脳から見える心，解離新時代（以上岩崎学術出版社），自然流精神療法のすすめ（星和書店），気弱な精神科医のアメリカ奮闘記（紀伊國屋書店），心理療法／カウンセリング30の心得（みすず書房）他

脳と心のライブラリー

快の錬金術

—報酬系から見た心—

ISBN978-4-7533-1124-8

著　者

岡野 憲一郎

2017年9月7日　第1刷発行

印刷　広研印刷(株)　／　製本　(株)若林製本工場

発行所　(株) 岩崎学術出版社　〒101-0052 東京都千代田区神田小川町 2-6-12

発行者　杉田 啓三

電話 03(5577)6817　FAX 03(5577)6837